JOÃO KEPLER

AUTOR BEST-SELLER, EDUCADOR E CEO DA BOSSANOVA, O VENTURE CAPITAL MAIS ATIVO DA AMÉRICA LATINA

PREFÁCIO DE JOEL JOTA | POSFÁCIO DE DAVI BRAGA

INEVITÁVEL
INEVITÁVEL
INEVITÁVEL

COMO SUBIR O NÍVEL DE CONSCIÊNCIA EMPRESARIAL, ESCALAR O SEU NEGÓCIO E ENTENDER A FORÇA DO EQUITY PARA AMPLIAR SUA VISÃO E AS OPORTUNIDADES NA NOVA ECONOMIA

Diretora
Rosely Boschini

Gerente Editorial Sênior
Rosângela de Araujo Pinheiro Barbosa

Editora Júnior
Carolina Forin

Assistente Editorial
Fernanda Costa

Produção Gráfica
Fábio Esteves

Preparação
Thiago Fraga

Capa
Plinio Ricca

Projeto Gráfico e Diagramação
Renata Zucchini

Revisão
Andréa Bruno

Impressão
Edições Loyola

Parte deste livro foi composto a partir de artigos escritos pelo autor ao longo dos anos, porém, conforme aprofundamento após vivências múltiplas, Kepler sentiu que era a hora de transpor esses conhecimentos neste livro.

Copyright © 2023 by João Kepler
Todos os direitos desta edição são reservados à Editora Gente.
Rua Natingui, 379 – Vila Madalena
São Paulo, SP – CEP 05443-000
Telefone: (11) 3670-2500
Site: www.editoragente.com.br
E-mail: gente@editoragente.com.br

CARO(A) LEITOR(A),
Queremos saber sua opinião sobre nossos livros.
Após a leitura, siga-nos no **linkedin.com/company/editora-gente**,
no TikTok **@EditoraGente** e no Instagram **@editoragente**
e visite-nos no site **www.editoragente.com.br**.
Cadastre-se e contribua com sugestões, críticas ou elogios.

Dados Internacionais de Catalogação na Publicação (CIP)
Angélica Ilacqua CRB-8/7057

Kepler, João
    Inevitável : como subir o nível de consciência empresarial, escalar o seu negócio e entender a força do equity para ampliar sua visão e as oportunidades na nova economia / João Kepler. - São Paulo : Editora Gente, 2023.
    192 p.

ISBN 978-65-5544-304-2

1. Desenvolvimento profissional 2. Negócios I. Título

23-1096   CDD 658.4

Índice para catálogo sistemático:
1. Desenvolvimento profissional

Este livro foi impresso em papel pólen bold 70g
pela gráfica Edições Loyola em março de 2023.

Nota da Publisher

O mundo empresarial está passando por uma grande transformação com a chegada da nova economia. Antes, empresas poderosas pareciam indestrutíveis, mas agora estão caindo rapidamente enquanto novas empresas surgem em ritmo acelerado. Para prosperar nesse cenário turbulento e dinâmico, empreendedores devem desenvolver habilidades e competências específicas.

Em *Inevitável*, o autor best-seller João Kepler apresenta uma abordagem para enfrentar esses novos desafios. Segundo ele, para ter sucesso no novo cenário, é necessário adotar uma mentalidade de inovação e investimento, estar disposto a enfrentar novos paradigmas econômicos e enxergar oportunidades em meio aos problemas. A constante evolução é fundamental para se adaptar rapidamente às mudanças e identificar tendências e oportunidades – é preciso olhar para onde todos estão olhando e enxergar o que eles não estão vendo a partir da elevação do nível de consciência empresarial.

Quando João chegou até mim com a ambição de investir em mil startups, confesso que não acreditei que fosse possível. No mínimo, não seria um processo rápido. No entanto, para minha surpresa, ele ultrapassou esse objetivo com a Bossanova, o que mostra sua determinação em fazer a diferença no mundo dos negócios. Sem dúvida, Kepler é um empreendedor visionário e inspirador que merece o reconhecimento por seu trabalho. E o que mais me admira é que ele faz tudo isso sem abandonar os seus princípios – para Kepler, sua família está sempre em primeiro lugar.

Por isso, tenho certeza de que você está em ótimas mãos. Neste novo livro, o autor apresenta um guia prático para ajudar empreendedores a elevar suas carreiras e negócios para o próximo nível. Com as estratégias apresentadas, os empreendedores podem utilizar a nova economia a seu favor e se tornarem líderes em seus setores de atuação, mantendo-se em constante evolução e evitando ser pegos de surpresa em um cenário de intensa mudança e disrupção.

Rosely Boschini • CEO e Publisher da Editora Gente

Sumário

>>>> **INTRODUÇÃO** 6

>>>> **PREFÁCIO** 10

>>>> **PARTE I: O DESPERTAR PARA AS MUDANÇAS**

Capítulo 1
Os negócios mudaram 16

Capítulo 2
Um novo modelo empresarial 41

Capítulo 3
Uma empresa existe para ser herdada, perdida, vendida ou investida 58

>>>> **PARTE II: NOVAS COMPETÊNCIAS**

Capítulo 4
Competência emocional 68

Capítulo 5
Atender, entender e identificar as dores 87

›››› PARTE III: NÍVEIS DE CONSCIÊNCIA

Capítulo 6
5 níveis de consciência em negócios na nova economia **102**

Capítulo 7
Encantamento e fidelização **122**

Capítulo 8
Empreender é libertador **140**

›››› PARTE IV: MENTALIDADE INVESTIDORA

Capítulo 9
Níveis de consciência aplicados **156**

Capítulo 10
A construção de um novo mindset **172**

›››› CONCLUSÃO **186**

›››› BÔNUS **189**

›››› POSFÁCIO **190**

Introdução

O mundo mudou, continua mudando e não vai parar de mudar; ou seja, seguirá em constante mudança. E não me refiro somente à mudança tecnológica, mas social também. Mudamos a nossa maneira de consumir, de nos comunicar, de trabalhar e de nos relacionar uns com os outros e com as empresas. E, claro, todas essas rupturas e esses novos formatos de nos comunicar promoveram experiências únicas e transformações irreversíveis.

Com o auxílio da inovação tecnológica, a evolução tem ganhado contornos que evidenciam uma nova era. É chegado o tempo da praticidade, da conveniência e da rapidez – tanto na execução como no tempo de resposta, que beira cada vez mais o imediatismo, também característico dessa nova geração.

Guiado pela nova economia, o mundo dos negócios está em plena transformação e adaptação, bem como as pessoas que fazem toda essa roda girar. Assim, aquelas que simplesmente ignorarem esse cenário estarão fadadas a ficar para trás. Na prática, isso significa, que, se as empresas (mesmo que estejam há anos no mercado) não acompanharem a evolução natural, também estarão com os dias contados.

Introdução

Não se trata de pessimismo e muito menos de adivinhação, e sim de um fato. Basta olhar para a economia e analisar quais são as empresas mais valiosas do mundo atualmente. Você saberia dizer o que determinadas marcas têm em comum? Mais do que uma cultura que atenda às necessidades do novo consumidor, elas desenvolveram meios que as fizeram subir de nível para enxergar e fazer o que outras foram incapazes.

E esta obra trata justamente do poder da mente, responsável por direcionar as ações, e como essas ações condicionam o futuro de empresas ou de pessoas. De maneira consciente, direcionada e intencional, é possível transformar qualquer realidade e alcançar patamares inimagináveis.

>>>> **Nas páginas a seguir, vou lhe mostrar quais são os 5 níveis de consciência e como adquiri-los para alcançar o próximo nível. Você vai constatar que a mudança de mentalidade e de postura é o único modo de criar e reinventar negócios que vão se destacar na nova economia. Ou seja, a mudança é INEVITÁVEL.**

A você, leitor, digo que não tenho dúvidas de que sua vida pode ser transformada a partir de agora. Se você está com este livro em mãos, é porque o interesse já existe, e agora você precisa entender e absorver as chaves que apresentarei a seguir. Tenho dedicado as últimas duas décadas da minha vida ao entendimento das pessoas e dos negócios. Parte das minhas descobertas e comprovações estão reunidas aqui. E esse é o momento de investir em você, em seus projetos e em seus desejos mais íntimos. Se você mudar e controlar a sua mente, tudo ao redor, consequentemente, mudará.

Quer um exemplo? Para começar, adianto que, equivocadamente, boa parte das pessoas ainda relaciona o pensamento acerca de investimentos exclusivamente ao fato de ter ou não ter dinheiro para investir em projetos de acordo com suas convicções e predileções. Eu disse "equivocadamente" porque até mesmo o ato de investir requer mais do que simplesmente destinar dinheiro para determinada finalidade; é preciso entender, aprender e saber aplicar de maneira correta. Por trás de todo esse processo existe o que chamo de "mentalidade investidora", e é isso que quero mostrar a você.

Ao considerar mentalidade um conjunto de manifestações de ordem mental (crenças, maneira de pensar, disposições psíquicas e morais), que caracteriza uma coletividade, uma classe de pessoas ou um indivíduo, é possível começar a entender o poder de uma mente que enxerga e age para além de ações ou de escolhas isoladas. Claro que conhecer o seu perfil como investidor, por exemplo, o seu apetite em relação a risco, a necessidade de ter clareza ao aplicar dinheiro, na diversificação e na busca das melhores oportunidades, faz parte desse processo, mas *não* o resume.

Então o primeiro ponto a se considerar é que o fato de que pensar como investidor não quer dizer que você tem dinheiro ou que você já investe, mas sim que você pensa e se comporta mentalmente, empresarialmente e socialmente como tal. Estou falando de *comportamento*.

E é a partir dessa mudança de mentalidade, condicionante do seu comportamento, que você terá condições de reavaliar o que precisa mudar para fazer parte da nova economia.

Preparado?

Entender como tudo funciona hoje em dia é um dos primeiros e principais passos para que um negócio continue prosperando. Perceba que não se trata somente de comprar, vender ou prestar serviços. Para manterem a competitividade, até mesmo os maiores bancos brasileiros tiveram de aprender isso com bancos digitais. Essa virada de chave é o que você precisa entender para sair na frente na competição no mundo atual.

<u>Por isso, meu maior objetivo com este livro é provocar você para despertar e ativar sua mentalidade, de maneira consciente e focada, e subir o nível de consciência empresarial. Se ao fim da leitura você tiver entendido o lugar em que está e aonde pretende chegar de agora em diante, meu propósito com esta obra foi cumprido.</u>

A partir de agora você terá acesso aos novos modelos mentais de fazer negócios, fundamentados na nova economia. Nesse contexto, porém, uma coisa é certa: embora os negócios tenham mudado, a grande mudança é social, porque o empreendedorismo é, sempre foi e continua sendo de pessoas para pessoas; no entanto, hoje conta com um aparato tecnológico e inovador jamais experimentado pela humanidade.

Introdução

E é por meio dessa consciência empresarial que um empresário empreendedor cria e investe em negócios inovadores, escaláveis, com base em gestão ágil, controle, governança e com foco em equity. Nessa nova configuração das relações, que abrange o relacionamento entre marcas e consumidores, o desejo passa a ser o benefício do produto.

》》》》 Desejo a você uma boa leitura, e que de hoje em diante sua mente o conduza pelo caminho dos vitoriosos. E que você suba de nível e mantenha-se no nível de consciência 5.

Prefácio

Neste exato momento, escrevo este precioso e importante prefácio no voo de volta de Dubai. Volto de uma conferência de negócios e não precisaria dizer isso logo no começo do livro, exceto pelo fato de que só estou aqui, agora, neste voo, escrevendo, porque consegui preparar a minha empresa para funcionar sem mim e, sobretudo, de qualquer lugar do mundo. E, grande parte dos aprendizados que tive nessa jornada, aprendi com o Kepler.

A história que compartilharei com você é a pedra fundamental da narrativa deste livro. E me sinto lisonjeado para esta obra tão importante para todo empreendedor.

Há alguns anos, quando eu ainda morava em Santos, empreender era, além do que eu mais queria profissionalmente, a única saída que eu conhecia para realizar meus sonhos pessoais e profissionais. Não posso deixar de falar que eu colocava uma grande e importante expectativa na minha tão desejada liberdade financeira por meio do empreendedorismo. De maneira objetiva, tenho que ser honesto com você, eu queria enriquecer.

Em 2018, pedi demissão de um trabalho excelente e do qual eu gostava muito. Era bem remunerado, tinha total autonomia e meu chefe confiava

Prefácio

em mim de olhos fechados. Para muitos, eu tinha encontrado o pote de ouro, não precisaria sair daquele emprego até a minha aposentadoria. E é verdade: se eu continuasse lá, estaria muito bem empregado até hoje. Mas sair foi uma decisão. Eu queria empreender e viver meus sonhos. Havia chegado a hora de eu dar o meu *all in*. Aliás, em algum momento da nossa vida teremos que fazer isso, o *all in*. O meu foi em 2018.

Saí do emprego, investi na minha carreira na área da educação e coloquei todas as minhas fichas ali. Os negócios estavam indo bem. Eu crescia na internet e na conta bancária. Estava feliz e realizado. Minha esposa, a Lalas, e eu seguimos firme nessa empreitada. Certo dia, eu estava na minha scooter passeado por Santos, parei no semáforo, luz vermelha, coloquei os pés no chão. Segundos depois, escuto um barulho estridente de pneu cantando. Um carro, logo atrás de mim, não tinha visto o semáforo vermelho e freou bruscamente ao meu lado. Foi por um triz que o carro não pegou na minha perna. Que susto! O motorista prontamente pediu desculpas. Foi tudo muito rápido. Fiquei assustado, com o coração na boca. Meus batimentos, em segundos, dispararam. Parecia aquelas provas de 50 metros livres que eu competia quando era atleta de natação.

Nada aconteceu comigo, a não ser o susto. Os batimentos foram voltando ao normal, fiquei mais tranquilo e foi quando um pensamento, ou melhor, uma pergunta invadiu minha mente como uma rajada: "E se o carro tivesse quebrado a minha perna? E se eu tivesse ficado paralítico? E se eu tivesse morrido?".

Minha conclusão foi: "Se eu morro hoje, minha família fica na mão. Se eu morro nesta moto, a empresa acaba, afinal, eu sou a empresa. E A EMPRESA ESTÁ EM CIMA DA MOTO".

E o que essa história tem a ver com o livro e com o Kepler? Absolutamente tudo. Foi por causa dessa resposta que busquei aprender sobre investimento e startups. Eu entendi que precisaria diversificar meu dinheiro para ontem. De que adiantaria fazer grana se eu não diversificava meu dinheiro? Nesse exemplo, nada, absolutamente nada. Minha família, na época, era Lalas, João, nosso primeiro filho, que ainda estava na barriga dela, e eu.

Fui buscar mais recursos e conhecimento sobre investir em negócios. Deparei-me com um dos livros do Kepler, *Smart money*. Li de cabo a rabo, entendi pouco, confesso, mas sabia que esse era o caminho que eu precisava percorrer. Decidi aprender sobre o tão comentado dinheiro inteligente.

Abri meu Instagram e mandei uma mensagem para ele. Nessa época, em 2018, eu não tinha sequer 15 mil seguidores. Ele não sabia quem eu era, mas, mesmo assim, resolveu me responder e combinou um café comigo em seu escritório. Eu mal pude acreditar.

Kepler, após uma conversa de quase duas horas comigo, me orientou a investir em negócios escaláveis, baseados na nova economia e com potencial de venda. Eu mal entendia o que ele estava falando, mas confiei em sua palavra. E foi assim que comecei essa jornada de aprendizado em startups, investimento e equity. Levei tempo para aprender, mas uma coisa eu sabia: eu iria fazer de tudo para dominar esses fundamentos. Eu estava decidido a estudar o que fosse preciso para não correr mais o risco de ter minha empresa em cima de uma moto. Entenda como: ser totalmente dependente de mim. Em outras palavras, uma empresa sem valor, sem equity algum.

Aprender a linguagem do equity é, como diz este livro, uma condição INEVITÁVEL para o mundo dos negócios.

O equity fará você viver um novo paradigma e transformar a sua filosofia de trabalho e, consequentemente, de vida. Como assim, JJ? Seu pensamento e modelo mental mudarão de curto para longo prazo. Serão novos KPIs, OKRS, a cultura do negócio será adaptada, juntamente com a equipe e seus respectivos expertises. O benchmarking também mudará, ampliará. Não será novidade você conhecer uma empresa de meia dúzia de guris que vale muito mais do que uma de quinhentos funcionários e cinquenta anos de tradição. E por quê? Porque ela já nasce desenhada para ser vendida, escalada, globalizada. Ela tem o DNA digital, de tecnologia, na nova economia. Edtechs, fintechs, B2B2C, *revenue share*, midia for equity, tamanho de mercado endereçável, *cohorts*, *churns*. São novos termos, nova forma de ver, mas eu garanto que, por mais estranho que pareça, você vai aprender, não é um bicho de sete cabeças. E, além dos mais, você terá que aprender, é uma questão de sobrevivência no médio prazo.

A verdade é que essa trajetória fez eu vender uma empresa e me associar a outra em 2020. E logo, com esse modelo de negócios, a nova

Prefácio

empresa foi avaliada em 1 bilhão de reais. Eu, sócio de uma empresa de 1 bilhão? Como assim? Pois é, parece loucura e até mesmo um contrassenso. Um ex-professor de Educação Física, que ganhava por hora/aula e não tinha mais para onde crescer se tornou um empresário de sucesso. De Santos para o mundo. De um filho de pais nordestinos e que foram pobres na infância a um homem rico. Deu certo.

E o resto, JJ? Bom, o resto são histórias das quais o Kepler participou de muitas, e eu vou deixá-lo contar a você neste livro. Aproveite a jornada. Ela é para você e sua empresa. Ela vai impactar a sua família e a vida de pessoas que ainda nem nasceram. Não importa a sua fase nem seu histórico, você conseguirá aprender e aplicará. Sua empresa vai mudar, você também. Chegou a hora, a sua hora.

É uma felicidade, uma honra e um orgulho escrever este prefácio. A sensação é de como se fosse hoje o dia da moto. A lembrança ainda permanece vívida dentro de mim. E eu também quero que você, leitor, possa usar algo que o incomodou na sua vida empreendedora como trampolim para você mudar, crescer.

Antes de terminar este livro, sua visão estará ampliada, sua empresa modificada e sua vida transformada. Acredite, você está nas mãos do melhor!

Um grande abraço

Joel Jota

>>>> Joel Jota é investidor de dezenas de startups na área da educação e da saúde e empreendedor com diversos negócios em sua holding. É especialista em alta performance, mestre em ciências do esporte, mentor de negócios, autor best-seller e palestrante internacional. Também foi atleta da seleção brasileira de natação, na qual acumulou diversos títulos nacionais e treinou mais de mil atletas em sua carreira.

PARTE I

O DESPERTAR PARA AS MUDANÇAS

CAPÍTULO 1

Os negócios mudaram

Você sabe o que empresas como WeWork, Spotify, Wine.com, Airbnb, Gympass e Uber têm em comum? Em primeiro lugar, elas entenderam logo que, no mercado de hoje, é preciso desenvolver negócios voltados para as necessidades das pessoas, soluções cada vez mais específicas, considerando o atual conceito de entrega e construção de valor de uma marca.

Em geral, os negócios que se destacam atualmente são aqueles que são acessíveis a todos, não apenas às empresas e profissionais existentes mas também aos entrantes. Essas empresas se concentram em oferecer produtos digitais e serviços virtuais, ajudando a solucionar problemas em quaisquer segmentos, fornecendo ferramentas e plataformas para auxiliar no crescimento e na operação de negócios de terceiros, além de abrir portas para novas formas de trabalho.

Essas plataformas de serviços digitais proporcionam às pessoas um meio de vida que lhes permite se destacar de maneira autônoma. Elas oferecem, também, maior capacidade de construir relacionamentos com os clientes, maior suporte no crescimento de seus negócios e melhores ferramentas para se diferenciar da concorrência. No processo,

Os negócios mudaram

essas plataformas de serviços estão alimentando um novo modelo de empreendedorismo na nova economia.

Nos últimos anos, uma das grandes lições aprendida foi: nem tudo pode ser controlado. Sempre haverá situações atípicas com as quais todos nós teremos que lidar e que nos mostrarão, sobretudo, o que realmente importa. Vivemos a era do imediatismo, das respostas rápidas, das decisões nem sempre acertadas, porém necessárias em razão da velocidade de retorno esperado pelo mercado como um todo e pelos clientes.

Na prática, essa maneira de ver, viver e experimentar as coisas de maneira imediatista tem uma implicação perigosa que pode desencadear uma confusão que tenho observado com frequência. Algumas pessoas, na ânsia de fazer, resolver e se destacar, acabam achando que o sucesso será alcançado instantânea e imediatamente. Poucos entendem de fato que nada, absolutamente nada, nenhuma tecnologia ou solução mágica, substitui o trabalho duro e constante para conquistar os resultados almejados.

Continuidade. É provável que essa seja a palavra-chave e o fundamento que WeWork, Spotify, Wine.com, Airbnb, Gympass e Uber vêm praticando, desde suas respectivas criações até o lançamento de seus produtos. Você, leitor, já se deu conta de quantas pessoas têm ideias incríveis e sequer saem do lugar, de quantos projetos começam e são interrompidos no meio do caminho, de quantos negócios morrem logo na primeira crise que enfrentam? Tudo isso porque as pessoas por trás não têm disposição nem preparo suficiente para pagar o preço de atravessarem a ponte rumo à realização a longo prazo.

<u>Aliás, guarde esta dica: mesmo que um negócio nasça hoje, a atuação e o planejamento precisam ser distribuídos vislumbrando os resultados a longo prazo.</u> Você vai entender melhor isso mais adiante com este livro. Continuar tem a ver com persistir, independentemente do contexto. E este é o grande desafio: continuar mesmo quando tudo parece estar contra você.

Não existem grandes resultados sem que antes tenha existido muita dedicação, esforço, noites perdidas de sono ou maldormidas, trabalho sem horário para acabar. Acredite, ninguém é bem-sucedido por acaso. Ninguém alcança o topo por pura sorte. E, ainda que isso aconteça eventualmente, que 1 em 1 milhão seja "o escolhido", pode ter certeza de que, para se manter no topo ou preservar tudo o que foi conquistado, é preciso se empenhar muito e ter muita inteligência para não tomar decisões equivocadas e jogar tudo no lixo.

Estar no topo tem a ver com consistência, coerência, entrega e dedicação. Pessoas que entendem o trabalho como uma obrigação e/ou apenas cumprem horário estão fadadas a se tornar escravas do próprio tempo, das suas vontades e das suas limitações. Mas aquelas que entendem que precisam estar ligadas o tempo todo e que a percepção aguçada pode, inclusive, render a elas boas oportunidades sabem também que se trata de uma longa jornada para se estabelecerem de maneira sólida e se tornarem referência em sua empresa, na carreira, em casa, e assim por diante.

As mais belas e inspiradoras histórias são também de superação, de erros e acertos e de recomeços. Dificilmente alguém vai acertar tudo de primeira e, do dia para a noite, ser bem-sucedido. Mas é importante lembrar que, justamente por se tratar de uma caminhada longa e às vezes árdua, é preciso também descansar nos intervalos.

Aprender a descansar e não desistir: é esse equilíbrio que vai ajudar você a se renovar constantemente e a ter forças para continuar – mesmo que a passos lentos, mas firmes e precisos –, a chegar ao ápice e, consequentemente, ser reconhecido por seu trabalho duro.

E o que é sucesso para você?

Posso garantir que, para cada leitor, a resposta é diferente, e é isso que quero focar agora. Arrisco-me a dizer ainda que, com o impacto que sofremos nos últimos anos no setor socioeconômico, a definição de sucesso provavelmente tomou proporções inimagináveis. Todos nós concordamos que as empresas que citei no início deste capítulo são negócios de sucesso, mas, de fato, o sucesso é único e intransferível, assim como sua definição e compreensão de alcance. Cada pessoa é um universo por si só. E, devido às nossas referências, experiências e oportunidades, criamos e estabelecemos o nosso próprio conceito de sucesso.

E é justamente porque essa é uma medida relativa que vou logo dizendo que ter consciência é fundamental. E é isso que vou ensiná-lo a trabalhar na sua vida a partir de agora para que você não corra o risco de usar a régua do outro e acabar buscando algo que não serve para você. Nunca se espelhe na medida do sucesso de alguém. Tratando-se de felicidade, por exemplo, posso dizer que ser feliz não é difícil; a armadilha está em querer ser mais feliz do que os outros e/ou igual a "fulano".

Os negócios mudaram

Para alguns, sucesso é sinônimo de ser bem-sucedido no trabalho: ocupar um bom cargo em uma empresa grande ou obter conquistas em sua própria empresa, por exemplo. Mas entenda que, para isso, provavelmente essas pessoas tiveram que (mesmo que por um curto período) desistir de constituir família, de passar mais tempo com os amigos etc. Então não se compare a ninguém. Cada um é responsável por suas escolhas e deve arcar com as consequências delas.

Para quem sempre viveu em bairros periféricos, sucesso pode significar sair dali e ter uma vida melhor. Para quem já conquistou tudo que gostaria em sua carreira, pode ser constituir uma família, e por aí vai. São nossas escolhas que nos conduzem por um determinado caminho e nada impede que no meio dele façamos novas. Recomeçar ou voltar atrás é, inclusive, sinal de maturidade, de saber perceber-se ante a sua realidade e de saber o que realmente é importante para você.

Sempre costumo dizer que, antes de entender de negócios, em primeiro lugar é preciso entender de gente. Pessoas são diferentes umas das outras, agem de maneira diferente, e por isso seria um erro enorme achar que a medida e a definição de sucesso devem ser as mesmas para todos. E essa ideia tem sido difundida no mercado de trabalho de maneira massiva e inconsequente.

Tendo em mente de maneira clara quais são seus objetivos, prioridades e disposição para alcançá-los, siga em frente e, se possível, não olhe para o lado. A grama do vizinho nem sempre é mais verde, busque se autodesenvolver e comemore cada conquista, mesmo que pequena, rumo ao que você traçou.

No meu entendimento, sucesso é quando você consegue conquistar tudo que almejou, com honestidade e sem precisar abrir mão de suas prioridades. É saber lidar com as intempéries da jornada, sem desistir, sem deixar que o outro lhe diga o que você deve ou não fazer com sua vida. Sucesso é viver de acordo com a sua realidade e a partir dela fazer novas escolhas de maneira contínua e sensata. Ser você mesmo e ser fiel às próprias escolhas é o maior sucesso que você pode alcançar.

Preparado para descobrir um universo de novas oportunidades e buscar o seu sucesso pessoal e profissional? Bem-vindo à nova economia e à era dos negócios possíveis.

Veja na tabela abaixo alguns exemplos de empresas contemporâneas que souberam subir de nível de consciência, ganharam escala, entenderam o poder do equity e se destacaram na nova economia.

EXEMPLOS DE NEGÓCIOS (PLATAFORMAS ESCALÁVEIS)	
Apple	As pessoas conhecem a Apple pela marca, pela experiência em suas lojas e pela venda de seus produtos (MacBooks, iPhones, AirPods etc.). O grande negócio da Apple, no entanto, é a App Store, na qual milhares de desenvolvedores criam seus aplicativos para ficar à disposição dos usuários dos celulares. Ou seja, é um negócio totalmente escalável que se tornou essencial para quem precisa colocar seu aplicativo no mercado. Mais que isso, transformou-se em uma *plataforma de negócios*.
Red Bull	A Red Bull vende até energético. Achou estranha essa afirmação? Na verdade, a marca se tornou referência em vários negócios além da fabricação do energético: uma equipe de Fórmula 1, um time de futebol, uma plataforma de entretenimento. A Red Bull passou de ser uma simples fabricante de bebidas energéticas para uma das marcas mais reconhecidas no mundo, tendo seu nome como sinônimo de esportes, desempenho extremo e vitória. Além disso, a Red Bull é conhecida como time de futebol, equipe de Fórmula 1 e está presente em diversos esportes pelo mundo. Desenvolveu uma maneira alternativa para seu marketing e para a distribuição de seus produtos.
Amazon/AWS	Muita gente pensa que a Amazon é apenas um e-commerce. Sim, é um negócio de varejo, que envolve um marketplace onde milhares de *sellers* vendem seus produtos. Acontece que esse não é o negócio mais lucrativo da Amazon, as margens são muito baixas, só para ter ideia, em 2022 a receita geral da Amazon foi de 502 bilhões de dólares e teve um lucro operacional de 25 bilhões de dólares. O grande negócio da Amazon é a AWS (Amazon Web Services), um sistema de computação em nuvem que poucos conhecem. Essa sim tem boas margens e é escalável, além de deter mais de 70% do lucro operacional da companhia. Além disso, o que espanta mesmo no resultado é a receita em publicidade, a Amazon vendeu quase 40 bilhões de dólares em 2022. Isso mesmo, publicidade, ou seja, um negócio bem lucrativo. Aliás, essa receita é maior que o Prime e, pasmem, é maior que toda a indústria jornalística global e provavelmente mais lucrativa que a AWS. Com essa nova perspectiva, a Amazon é muito mais uma empresa digital, de publicidade e de computação nas nuvens, do que apenas um e-commerce na internet.

Os negócios mudaram

Netflix	Caso você, leitor, não conheça a história da Blockbuster, sugiro que pesquise para que não cometa os mesmos erros. Em 1999, o cofundador da Netflix, Marc Randolph, e seus sócios batem na porta de John Antioco, CEO da Blockbuster, para fazer uma proposta inovadora para aquela época: um serviço de aluguel de vídeo via correio. Os sócios da Netflix queriam 50 milhões de dólares pela empresa (para se ter uma ideia, hoje ela vale 158 bilhões). Não é preciso dizer que o acordo não foi fechado, não é? Inclusive, no livro *Isso nunca vai funcionar: o nascimento da Netflix e a incrível vida de uma ideia contada pelo seu cofundador e primeiro CEO*,[1] Randolph conta que o executivo da Blockbuster estava tentando segurar a risada durante a reunião. E a história não acaba por aí. Em 2004, a Blockbuster tentou fazer um serviço idêntico ao da Netflix, de envio de DVD pelo correio. Mas a Netflix já havia dominado o mercado e estava olhando para o futuro, um mundo sem fitas cassetes ou DVDs. O famoso "quem ri por último ri melhor" nunca foi tão certeiro.

EXEMPLOS DE NEGÓCIOS (PLATAFORMAS DE DISTRIBUIÇÃO)	
Padarias	É melhor um empreendedor, por exemplo, criar uma camada de produtos no digital do que produzir pão. O motivo dessa afirmação é simples: a produção de pão em uma padaria é o que todo mundo faz. Agora, quando esse empreendedor passa a distribuir o pão, e não necessariamente fazê-lo, ele consegue divulgar mais padarias, oferecer mais produtos e, consequentemente, ter mais visibilidade e lucro. Ou seja, com essa mudança de pensamento, em vez de almejar ser um jogador de futebol, você passa a querer ser dono de um time. Em vez de ser médico, você se estrutura para ser dono de uma clínica. Mas priorizando a distribuição e entrega.
XP Investimentos	A XP Investimentos é uma corretora de câmbio, títulos e valores mobiliários. É uma das maiores corretoras independentes do Brasil. Mas, além de corretora, a XP é uma empresa de *educação*. Montou um grande ecossistema em torno da marca com vários negócios, incluindo um banco. Tornou-se uma empresa de *distribuição* de soluções, produtos e serviços com base nas necessidades de seus clientes.

[1] Randolph, M. **Isso nunca vai funcionar**: o nascimento da Netflix e a incrível vida de uma ideia contada pelo seu cofundador e primeiro CEO. São Paulo: Planeta Estratégia, 2021.

Marketplace	Marketplace é um conceito de shopping. No caso do ambiente físico, as escadas rolantes cumprem o papel de conduzir os consumidores para que tenham acesso a diversas lojas e produtos. No caso do ambiente virtual, uma vez dentro da plataforma, ele lhe mostra sugestões de produtos correlacionados que podem interessar e consequentemente vender.
Gillette	No passado, para popularizar o uso da Gillette e a venda de lâminas, o King Gilette teve a ideia de distribuir gratuitamente um barbeador. Assim, o cliente em posse de uma haste (a parte mais cara) criou a necessidade da compra das lâminas para repor e usar o barbeador.
Drogarias	Elas se transformaram em um verdadeiro canal de distribuição nas esquinas do Brasil. Suponhamos que uma marca de cosméticos queira vender um novo tipo de maquiagem. Como ela pode divulgar para o público? Posts em redes sociais, influenciadores, anúncios, TV, revistas etc. Ok, mas com as drogarias a marca consegue anunciar e ao mesmo tempo distribuir seus produtos; afinal, os consumidores estão ali para consumi-los. São essas "sacadas" que fazem toda a diferença. O modelo de negócio das drogarias mudou, e esses negócios passaram então a conectar seus fornecedores, por meio de suas lojas físicas e de seus espaços virtuais, com os consumidores. Ou seja, podem ser vistas como verdadeiros canais de distribuição.
Contabilizei	A plataforma Contabilizei recriou o conceito de contabilidade, deixando para trás a necessidade de procurar um escritório presencialmente. Ao investir na ideia de que agora o consumidor pode usufruir dos serviços de contabilidade a partir de qualquer lugar e de modo acessível e conveniente, a empresa passou a ser uma plataforma de distribuição.
MRV	A construtora que pertence a um dos setores mais tradicionais do mercado conseguiu avançar por meio da digitalização. Desde o processo de compra do apartamento, decoração, escolha da planta e até uso do condomínio, tudo pode ser feito on-line, gerando valor para o usuário final.

> **Lojas Renner**
>
> A marca, ligada às mudanças que estão ocorrendo no mercado e nos consumidores, além de vender roupa nova em suas lojas – on-line e físicas –, passou a vender roupa seminova a partir da aquisição da startup Repassa.

Em suma, todas essas mudanças precisam ser observadas e, mais do que consideradas, absorvidas. O próprio mercado e os consumidores, com base em suas escolhas e ações, indicam para onde os ventos estão soprando.

Algumas transformações de impacto da nova economia[2] para refletir:

» Era esperado que um quarto dos shoppings nos Estados Unidos fechassem até 2022. Em contrapartida, o comércio eletrônico por lá cresceu 44% só em 2020 e já representa 21% do total das vendas no varejo;[3]
» Mesmo sentindo os efeitos da pandemia de covid-19 no turismo, o Airbnb superou em número de imóveis ativos as maiores redes de hotéis combinadas;[4]
» Há apenas sete anos no Brasil, a Uber já conta com 1 milhão de motoristas no país. Isso equivale a 1% da população economicamente ativa.[5]

Ao considerar a nova economia, é preciso enxergar o negócio como se fosse um drone, ou seja, de cima. Na prática, isso significa dizer que a todo momento é preciso buscar ampliar conhecimento e capacidade, não focar apenas a construção da empresa, na sua estruturação dos produtos, mas pensar também em como resolver problemas.

---

[2] O que é a nova economia. **Rheis Consulting**. Disponível em: https://www.rheis.com.br/post/o-que-%C3%A9-a-nova-economia. Acesso em: 1 mar. 2023

[3] CALEIRO, J.P. Um quarto dos shoppings americanos fechará até 2022, prevê banco. **Exame**. Disponível em: https://exame.com/economia/um-quarto-dos-shoppings-americanos-fechara-ate-2022-preve-banco/. Acesso em: 1 mar. 2023.

[4] MACIEL, R. Número de imóveis ativos do Airbnb supera as maiores redes de hotéis combinadas. **CanalTech**. Disponível em: https://canaltech.com.br/mercado/numero-de-imoveis-ativos-do-airbnb-supera-as-maiores-redes-de-hoteis-combinadas-181472/. Acesso em: 6 mar. 2023.

[5] Uber celebra 7 anos no Brasil. **Uber**. Disponível em: https://www.uber.com/pt-BR/newsroom/uber-celebra-7-anos-no-brasil/. Acesso em: 1 mar. 2023.

Quando você descobre que não precisa mais somente "fazer o pão", entende também que quem tem poder é quem tem cliente, capilaridade, alcance e distribuição. É quem entende o consumidor contemporâneo e se adapta às suas necessidades e predileções.

Na nova economia, criar uma plataforma e dominar a distribuição é o mesmo que uma garantia de liberdade e poder. Isso porque o maior desafio para qualquer negócio é conquistar e reter clientes. Quem distribui tem vantagem considerável dentro do mercado.

Se você ainda não entendeu, continue a leitura. Esse entendimento é a chave deste livro e mensagem principal!

A EVOLUÇÃO SOCIAL

O modo como você enxerga um negócio atualmente vai depender do seu nível de consciência empresarial.

Para introduzir conceitos que chamo de novos modelos de negócios e modelos de níveis de consciência empresarial, que são cinco, mas vamos aprofundá-los mais adiante, vou usar o exemplo de uma vaca. Antes, para que você tenha total compreensão quando os modelos forem apresentados, é preciso entender de onde saímos, o que mudou e como se inserir na nova economia de forma consciente e estratégica.

Como ganhar dinheiro com uma vaca?

No nível de consciência 1, por exemplo, as pessoas pensam em ganhar dinheiro tirando leite da vaca para produzir queijo ou outros derivados, vendendo bezerros, esterco etc.

No nível de consciência 2, as pessoas, por sua vez, pensariam em como vender a produção futura da vaca, criar um NFT[6] (*non-fungible token* – ou tokens não fungíveis, em português) da vaca, por exemplo, um perfil nas redes sociais. Nesse nível, você já começa a pensar todo e qualquer negócio de modo diferente. À medida que você avança de

---

[6] Tendência no mercado de cripto, NFT, termo dado a um ativo digital, é baseado em blockchain (empresa de serviços financeiros de criptomoeda), que representa objetos reais e considerados únicos (por exemplo, uma obra de arte, um item colecionável etc.). Leia mais em: O que são NFTs? Entenda como funcionam os tokens não fungíveis. **InfoMoney**. Disponível em: https://www.infomoney.com.br/guias/nft-token-nao-fungivel/. Acesso em: 31 jan. 2023.

Os negócios mudaram

nível, a maneira de enxergar o mundo e as oportunidades à sua volta mudam totalmente.

Acredite, esse exemplo da vaca se aplica a absolutamente tudo. O ponto então passa a ser como subir o nível de consciência para ganhar dinheiro, seja com uma vaca, uma galinha ou produtos e serviços.

Outro exemplo prático. Imagine que o mercado da pecuária vai mudar nos próximos dez anos, isso porque as carnes serão também produzidas em laboratório. Isso mesmo, pelo que tudo indica não precisaremos mais matar animais pra comer.

A carne sintética existe e é uma realidade em desenvolvimento. A carne sintética, também conhecida como carne cultivada, é produzida a partir de células animais cultivadas em laboratório. O processo envolve a coleta de células animais, como células-tronco musculares, que são cultivadas em um ambiente controlado e alimentadas com nutrientes para crescer e se multiplicar, formando tecido muscular. A partir dessas células, é possível produzir carne que é quimicamente e nutricionalmente semelhante (inclusive em sabor) à carne convencional.

O processo em laboratório também é mais rápido. Enquanto na indústria tradicional só é possível ter o produto final em aproximadamente três anos, no laboratório a carne estará pronta em menos de um mês. Cenas de um futuro distante? Se depender de cientistas e startups, isso já é uma realidade. É o que eu chamo de olhar além do óbvio e subir de nível de consciência! Pense nisso!

Assim, quando você entrar em uma floricultura – à medida que seu nível de consciência for aumentando –, ficará claro que naquele local não são comercializadas apenas flores. O que se vende ali é o impacto, a surpresa ou a lembrança de quem recebe um arranjo, independentemente de qual seja. Essa parte do encantamento é crucial para os negócios inseridos na nova economia.

Nos próximos capítulos, mostrarei isso a você, bem como toda essa construção, como se deu esse processo de transformação e seu funcionamento na contemporaneidade.

Você já deve ter percebido que essa evolução no mundo dos negócios é intrínseca à evolução social e que ela é natural. Desde os primórdios, o ser humano sempre buscou alternativas, mudanças, invenções para melhorar a própria condição de vida.

Vivemos uma época voltada ao estímulo constante de ações e interações. Existe uma ideia de que tudo é possível, mas somente com muita dedicação e estratégia projetos incríveis podem, de fato, sair do papel no mundo todo. É preciso ter clareza de que existe uma grande diferença entre persistência e insistência, o que faz total diferença para o sucesso ou fracasso de qualquer projeto.

Ou seja, é importante aprender a perceber quando chega a hora de desistir de algo. Mas entenda que sem atitude você nunca começa; sem comprometimento e persistência, você não mantém foco no objetivo; e sem consistência você nunca termina. Não perca a coerência de vista jamais. Afinal, em determinados momentos ou por motivos diversos, a constância vai lhe mostrar que é hora de parar e dar um fim àquilo que havia iniciado. Isso porque nada é para sempre, muito pelo contrário, e no meio do trajeto você pode perceber que o melhor a fazer é seguir por outro caminho. E está tudo bem se isso acontecer, pois cenários mudam o tempo todo e planos e estratégias precisam ser igualmente flexíveis.

Quem nunca passou por situações nas quais se questionou: insisto, persisto ou desisto? – seja diante de uma decisão a ser tomada, renúncias a serem feitas, caminhos a serem seguidos; há, por exemplo, aqueles que insistem em manter relacionamentos tóxicos ou em portas que parecem que nunca se abrem. Às vezes é difícil desistir de algo que realmente se quer, mas há momentos em que isso é necessário, inclusive para prosseguir.

Insistir significa usar toda a energia para alcançar determinado objetivo, porém sempre de maneira semelhante, sem buscar soluções criativas e sem enxergar novas possibilidades. É o famoso "murro em ponta de faca", ou seja, algo que você percebe que não vai para a frente, mas que, mesmo assim, continua fazendo da mesma maneira. Muitas vezes, quando as coisas estão difíceis demais, quando a porta não quer abrir, é o momento de pensar: Será que isso realmente é para mim? Será que estou forçando abrir uma porta que leva a um caminho que não é o que devo seguir? Quando algo está difícil demais, depois de persistir, é claro, talvez seja o momento de descansar e reavaliar a situação.

A persistência, em contrapartida, consiste em buscar soluções inovadoras para alcançar aquilo que se quer com mais eficiência. É criar estratégias, alternativas criativas e não desistir diante dos obstáculos. Persistir é manter um ideal em mente mesmo que as coisas estejam difíceis, é continuar lutando de modo resiliente para alcançar aquilo a que se propôs – mas sem a sensação de estar carregando o mundo nas costas, como acontece na insistência.

❯❯❯❯ Insistência e persistência consistem em desejar chegar a um determinado ponto, mesmo que seja necessário enfrentar obstáculos; no entanto, basicamente, a principal diferença da persistência é que se faz isso com a sensação de leveza e de estar no caminho certo, e não de que "tudo está dando errado".

Em diferentes momentos da vida vale a pena fazer a seguinte reflexão: Já fiz tudo o que podia, já inovei, já busquei parceiros e, mesmo assim, por que o que desejo não se concretiza? Talvez seja o momento de descansar. De repensar se está persistindo ou insistindo. Além disso, por mais doloroso que possa ser, é preciso considerar que para tudo há um tempo e que talvez esse não seja o momento de seguir esse caminho. E, ao chegar a essa constatação, nada impede você de trilhar outras rotas que poderão levar aonde sempre desejou chegar. Tudo é uma questão de perspectivas e de decisões acertadas.

Considerando o processo de tomada de decisão consciente, vale alertar, ainda, para como você conquista a atenção das pessoas, pois, com honestidade, é possível conseguir o que quiser. Mas como? Interessando-se de maneira genuína pelo que os outros estão dizendo, e não somente no que você tem a dizer. Muitas marcas e/ou empresas se posicionam como solucionadores de problemas, como se, de fato, se preocupassem com a sociedade e com seu público-alvo. Mas será mesmo? Quantas pessoas e empresas você conhece que realmente vivem seu propósito de maneira coerente e que buscam ouvir e entender o lado de seus consumidores e clientes?

Não é segredo para ninguém a existência de uma série de estratégias desenvolvidas para prender a atenção do consumidor por meio de um conjunto de ações específicas e precisas de marketing, incluindo o marketing de atenção, criado em 2012 pelo inglês Steve Jelley e tendo como base a necessidade de as empresas colocarem ações em prática para prender a atenção do consumidor, de modo que o conteúdo, o contexto e, claro, os negócios possam caminhar em consonância, ou seja, produzir conteúdo realmente relevante para o seu público, dentro de determinado contexto (nicho ou recorte) de maneira que a segmentação resulte em uma comunicação mais assertiva e, consequentemente, em negócios. Mas com o advento da transformação digital também surgiu o perigo de alcançar grandes massas, mas não parece haver um laço real entre empresas e consumidores. Os consumidores sentem quando a comunicação é automática, massiva e generalizada. E, dessa forma, se corre o risco de não alcançar a atenção de ninguém.

O mundo digital tem garantido um grande poder aos receptores das mensagens, que é o acesso facilitado a diversas informações sobre qualquer assunto ou tema. Assim, a tarefa de prender a atenção de alguém se tornou mais complicada e, por isso, é preciso pensar em estratégias não apenas de marketing como também de atenção real!

É fundamental que as empresas estruturem as suas campanhas com base em estratégias alinhadas ao comportamento do consumidor, que ofereçam mensagens mais precisas e, principalmente, que demonstrem se importar de verdade com quem vai recebê-la. Este é o ponto: muitas pessoas e marcas não entenderam ainda que não se trata mais simplesmente de números e de prospecção contínua, mas de conseguir se comunicar da maneira certa e ouvir quem realmente importa para que seu negócio permaneça no mercado.

Quando as empresas se importam de verdade e tentam se colocar no lugar do consumidor, as chances de elas acertarem seu objetivo aumentam consideravelmente e ajudam a evitar uma das ações mais comuns na atualidade, que é levar o consumidor a não se identificar com o que está sendo proposto e se sentir desprestigiado e acabar procurando por outro conteúdo, outra marca, outra solução.

Aí entra outro ponto da evolução social: você já se deu conta de que boa parte das pessoas trabalha, espera receber seu salário, paga as contas, fica sem dinheiro e que esse ciclo vai se repetindo mês após mês? Infelizmente essa tem sido a realidade de muita gente que ainda não se deu conta desse ciclo ou que ainda não encontrou uma solução para sair dele.

Os negócios mudaram

Consideremos, então, um "fenômeno" da vida contemporânea que recebe o nome de "corrida dos ratos", isto é, um termo que define um esforço sem fim. É uma clara analogia à corrida inútil de rato de laboratório que tenta escapar correndo dentro de uma roda.

Esse termo foi popularizado pelo investidor Robert Kiyosaki, autor do livro *Pai rico, pai pobre*,[7] best-seller no universo das finanças. Entre os principais ensinamentos deste livro, vale destacar que, além de não fazer parte da corrida dos ratos, é preciso estudar continuamente e começar cedo a aproveitar o seu tempo.

Resumidamente, considerando o contexto deste livro, essa expressão significa percorrer um ciclo vicioso de trabalho em que o indivíduo busca dinheiro para pagar dívidas. E note que, nesse sentido, muitas vezes existe até um acúmulo de atividades e de trabalho, mas ainda assim não existe a contrapartida fora do que é esperado que seria uma renda fixa. Dificilmente se obtém, quem está nesse ciclo, resultados inesperados para além do previsto de sempre.

E sabe por que isso acontece? Porque se trata de um comportamento que impede o acúmulo de riqueza. Em vez de fazer o dinheiro trabalhar para você, é você quem se torna escravo dele. Ou seja, você se esforça intensamente e corre aleatoriamente para, no fim das contas, não atingir nenhum objetivo.

Atenção: não estou dizendo para você largar seu emprego, e sim para elevar seu nível de pensamento e de consciência. A lógica a partir da roda dos ratos é deixar de trabalhar para o dinheiro e fazer com que o dinheiro trabalhe para você. Portanto, ignorar a importância de fazer investimentos para aumentar a riqueza a longo prazo é um comportamento típico que impossibilita ao indivíduo sair da corrida.

E, por mais óbvio que isso possa parecer, quanto melhor você lida com seu dinheiro, maiores são as chances de sair da corrida e não voltar a fazer parte dela, independentemente do momento da sua vida.

E você, está nessa corrida? Se sua resposta foi sim, continue a leitura com atenção. Mais adiante vou mostrar como sair desse ciclo e ver o mundo à sua volta de uma maneira irreversivelmente nova.

---

[7] KIYOSAKI, R. T. **Pai rico, pai pobre**. Rio de Janeiro: Alta Books, 2018.

DE PESSOAS PARA PESSOAS

Antes de entender de negócios, entenda de gente. Constantemente, estamos interagindo uns com os outros, tentando entender o comportamento das pessoas e nos fazer entendidos, mas, quando isso não acontece, a consequência são desentendimentos, conflitos e até mesmo rupturas que talvez poderiam ter sido evitadas com uma simples conversa sincera ou até mesmo a prática da empatia.

Costumo dizer isto com recorrência, e não à toa: é preciso gostar genuinamente das pessoas. Saber dar valor a quem está do seu lado, seja em um negócio ou no dia a dia. Somos apenas parte de um meio, e não o centro das atenções, e entender e aceitar isso é o primeiro passo para começar a estabelecer relações mais sinceras e produtivas.

No geral, temos o hábito de julgar uns aos outros pela maneira como nos comportamos com base na observação de atitudes, modo de falar, vestir, do que consumimos ou não. E esse é outro grande erro. Aspectos que estão na superfície têm potencial de confundir a percepção do real significado de um comportamento. Pessoas diferentes podem adotar o mesmo comportamento com motivações distintas.

No mundo corporativo, por exemplo, todo líder quer ser entendido por sua equipe e, por outro lado, todos os profissionais de um time adorariam realmente entender o que o seu líder espera deles. Os colaboradores gostariam que o líder pudesse entender suas motivações, necessidades e ideias. Isso não é incrível? Ou seja, no seio familiar ou profissional, nós, seres humanos, ainda apresentamos uma imensa dificuldade no que diz respeito ao modo como nos relacionamos.

Suponhamos que, em uma reunião de trabalho, você esteja apresentando um novo projeto e nota que uma pessoa sempre quer interromper, atacar e criticar suas ideias. Ficar irritado, nervoso ou tentar reagir da mesma forma só causaria desconforto e ainda mais distanciamento. Então, minha dica aqui é: aproxime-se dessa pessoa. Evite retrucar ou devolver ainda mais perguntas e críticas. Olhe no fundo dos olhos da pessoa e espere que ela termine de falar, assim, você demonstrará mais serenidade. Além disso, essa atitude obriga a pessoa a introduzir novos argumentos e vocês podem até chegar a um consenso. Quando a gente tenta se escutar e ser empático, tudo passa a fluir com mais transparência e naturalidade. E, dessa forma, você acaba impedindo que ela faça algum escândalo diante dos outros colegas, além de "desarmar" a pessoa oferecendo uma conduta diferente da dela.

>>>> **Muito se fala sobre liderança e o papel que um líder deve exercer. Liderança é um nome mais utilizado e aceito do que "chefe", "superior", entre outros termos que até pouco tempo eram muito comuns. Isso porque a figura do temido chefe se baseia em uma pessoa que comanda um grupo, um departamento ou uma organização e é investido de poder para a tomada de decisões, sendo que só é procurado para a solução de problemas.**

O líder, por sua vez, detém basicamente essas mesmas funções, mas suas ações influenciam o comportamento das outras pessoas para que os resultados sejam alcançados da melhor maneira possível. Ou seja, por mais que líder e chefe ocupem a posição de poder, existem grandes diferenças que estão geralmente ligadas ao modo como o indivíduo exerce o seu poder dentro do grupo. Principalmente se de maneira autoritária ou se ele consegue inspirar, estimular os outros.

Mais do que nunca, as empresas – e até mesmo os países – precisam de líderes conscientes, que assumam responsabilidades e que saibam liderar pelo exemplo, por meio da inspiração. É em momentos de crises, sobretudo, que algumas pessoas se destacam por seus gestos, ações e coerência perante os comandados.

Ou seja, liderar é, de fato, para poucos. Porém, boa parte da solidão que os líderes experimentam é provocada por suas próprias condutas. Se ele não criar um ambiente colaborativo, compartilhar e interagir, não terá apoio das pessoas de maneira espontânea e sincera, tornando-se, assim, um chefe. Em resumo, é importante valorizar seu time, pois ninguém é tão bom a ponto de fazer tudo sozinho.

Boa parte do movimento de delegar e realizar a gestão de pessoas e processos é o que motiva a inspiração e certifica um líder, principalmente em momentos de crise. O problema é que, no meio do caminho, alguns se perdem ou acabam se isolando quando nem tudo está sob seu controle ou como gostariam que fosse. Ter o apoio e compreensão da equipe que lidera é fundamental para superar qualquer desafio, e expor o que sente, o que almeja e até mesmo o que espera deles não torna você mais fraco ou vulnerável, e sim mais humano e acessível.

O líder que opta por sair da própria caverna e enfrentar a solidão é conhecido como aquele que orienta as pessoas a fazer de bom grado aquilo que é proposto, geralmente pedindo, e não impondo, além de estar aberto a analisar novas possibilidades. Sua postura é sempre democrática, ou seja, mais voltada à participação de todos, priorizando o senso de justiça. Agregar e compartilhar são seus mantras.

Ao assumir a função de fazer com que uma empresa funcione adequadamente, distribuir o poder e as responsabilidades também é uma boa estratégia. Um líder de verdade agrega e administra forças e talentos, tem a compreensão da coletividade e do interesse coletivo. A capacidade do bom líder é medida pelo talento de sua equipe e pelos resultados que ela produz.

Mais do que isso, quem provoca, estimula e faz você ver outras possibilidades para agir? No geral, as pessoas relacionam provocação a algo ruim, negativo. Mas nem toda provocação precisa ter essa conotação; afinal, nem tudo precisa ser compreendido como afronta, mas pode ser também um desafio, uma visão complementar à sua, podendo provocar reações e resultados bem positivos.

Ao ser liderado por alguém, busque por pessoas ou mentores que lhe façam mais perguntas, e não somente que lhe aponte caminhos ou diga uma resposta. Busque alguém que possa ampliar suas perspectivas, orientar sem se impor e corrigir sem ofender. Valorize as críticas, pois elas vão despertá-lo para encontrar soluções e caminhos melhores. Se não sabe voar, grude em quem sabe.

Provavelmente, muitos de nós, de imediato, se lembram basicamente de três figuras principais que são associadas a esse perfil "provocador".

<u>O professor é o primeiro desses personagens:</u> ele orienta o início da vida de qualquer pessoa por meio de explicações objetivas e estímulos que fazem seus alunos refletirem e encontrarem as próprias respostas. Ou seja, aqui existe uma transferência de conhecimento em um primeiro momento.

<u>O segundo é o coach ou treinador,</u> que aparece na hora de colocar a teoria em prática. Perceba a diferença: aqui, além de ocorrer a troca de conhecimento, o coach vive a experiência com o seu pupilo. Na prática,

isso significa que ele vai relembrar as instruções e acompanhar o seu desenvolvimento naquela determinada competência, isto é, andar ao seu lado.

E o terceiro personagem é a figura do mentor. Seu papel é ser um provocador legítimo! O propósito não é mais transmitir informações nem treinar competências, mas estimular a autonomia, isto é, fazer com que seu mentorado perceba sozinho o que precisa ser feito. É claro que ele contribuirá para isso, mas de uma maneira bem diferente de um professor ou de um coach.

É fato que em alguns momentos os três papéis (professor, coach e mentor) podem se fundir em um mesmo indivíduo; é raro, mas, às vezes, acontece. O grande diferencial do mentor, no entanto, está no fato de ele funcionar como uma referência para você – uma pessoa de quem você se lembrará, para sempre, como alguém que mudou a sua vida.

E, por isso, nem é preciso dizer que a relação entre mentor e mentorado não se constrói do dia para a noite. A mentoria está baseada na confiança, o que exige entrosamento e tempo. É como um time de futebol: o desempenho em campo depende do conhecimento de cada jogador em relação ao seu companheiro. Para que os resultados venham, é fundamental, também, que esses jogadores se sintam à vontade uns com os outros. Assim como ocorre entre os atletas de uma equipe, a relação na mentoria é de igual para igual, não devendo haver nenhuma amarra ou barreira que impeça essa evolução.

Ao longo do processo, das sessões realizadas, que são interligadas umas às outras, o mentor estimula a reflexão para que o próprio mentorado chegue às soluções ou alcance as respostas para os desafios que está enfrentando. O mentor não dá respostas, esse não é seu papel, mas aponta os caminhos, deixando essa direção menos nebulosa e/ou confusa para o mentorado. Então, não desista de ter um "provocador" na sua vida!

Logo, se a solidão do líder muitas vezes é provocada por ele mesmo ao não criar um ambiente colaborativo, compartilhar e interagir, não terá apoio das pessoas de maneira espontânea. Por isso é tão importante valorizar seu time e colaborar com ele.

Manter-se próximo de um time, ainda que à distância, exige muito mais de um líder do que estar presente e distribuir comandos.

INEVITÁVEL

Liderar é uma arte que precisa, assim como todas, do aperfeiçoamento de técnicas e do desenvolvimento de métodos e práticas capazes de proporcionar os resultados almejados pelos líderes que idealizaram as estratégias que serão adotadas por sua equipe.

O papel de um líder tem muito mais a ver com a sua postura e suas ações, em detrimento das suas falas ou incoerência. Para construir uma relação que tenha como base a confiança e o respeito mútuo é preciso se valer da sinceridade – mesmo em momentos de crises para a empresa. Apenas assim, com confiança e sinceridade, é possível identificar e estimular o melhor que cada integrante da equipe tem a oferecer.

Nesse contexto, para que essa relação seja estabelecida e os empreendedores e/ou líderes possam estimular suas equipes, algumas dicas são válidas:

» **Motivação:** ajuda a criar um ambiente agradável e um clima favorável entre os colaboradores, além de ajudar a criar e aproveitar oportunidades e treinar a equipe;

» **Pessoas:** não são números de registros ou estatísticas da empresa. Gestores de sucesso aprendem a lidar com as pessoas e a entendê-las e respeitá-las. É preciso gostar de gente antes de números e metas;

» **Confiança:** precisa ser mútua, lembra? Isso significa que o bom líder aprende a delegar e a se sentir seguro quanto a isso. Foi-se o tempo em que tentar fazer tudo ou omitir informações eram práticas aceitáveis por parte dos gestores;

» **Críticas:** sempre vão existir, mas manter a equipe constantemente estimulada passa, e muito, por um feedback contínuo e eficiente. Não critique ou não faça apontamentos relativos a erros, por exemplo;

» **Estratégias:** são formuladas, mas não são definitivas. Nunca é tarde para perceber que cometeu algum equívoco ou que precisa voltar atrás em algum ponto;

» **Metas:** precisam ser condizentes com a realidade da empresa e com os suportes que são fornecidos para que elas sejam alcançadas. Não adianta absolutamente nada projetar resultados inalcançáveis: isso só vai frustrar tanto líderes quanto liderados e desgastar a relação;

» **Métricas:** são fundamentais para ajudá-lo a mensurar o que realmente está funcionando ou não. Por isso, recorra a sistemas, crie

rotinas e esteja atento aos resultados. São eles que vão lhe mostrar para onde ir e como orientar sua equipe em relação aos próximos passos;
» **Paixão:** precisa se manter acesa! Um líder sem paixão torna-se um "empurrador de tarefas" e, se for organizado, um burocrata que mantém as coisas nos eixos, mas que não estimula novos desafios.

A NOVA ECONOMIA

Você saberia me dizer, sem titubear, se seu negócio pode ser caracterizado como uma empresa da velha ou da nova economia? Para os que responderam rápido, um alerta: mesmo que tenha sido criado com tecnologia, inovação e até mesmo digitalmente, não quer dizer que seu empreendimento faça parte da nova economia. Eu explico. O tempo todo temos usado essa terminologia para indicar que algo diferente começou a partir de determinado momento na prática: nova estratégia, nova economia e até mesmo "novo normal".

O fato é que novos padrões não são estabelecidos da noite para o dia e também não significa que tudo que pertence ao "velho" conceito não faz mais sentido. Assim, a transição de produtos que tem se tornado serviços, o uso da tecnologia em diferentes processos, a colaboração e acesso a informações das empresas e do próprio mercado, o valor do usuário (ou consumidor) conectado e exigente, e a velocidade de escala cada vez maior fruto justamente das características relacionadas acima, tudo isso junto poderia caracterizar uma nova economia. E olha que interessante: ao mesmo tempo, se olharmos sob esse viés, empresas que foram criadas da década de 1990 para cá se enquadram nesse perfil... mas elas foram criadas no século XX.

Entendo que todos nós temos que aprender a ser uma nova economia. O que isso quer dizer? Basicamente que devemos colocar, desde já, a tecnologia e a inovação a serviço da criação de uma nova consciência em escala, capaz de pôr em prática novos modelos de negócio, novos modos de trabalho, novos modelos operacionais, novos modelos de distribuição, novos modos de produção, novas redes, novas cadeias de valor, novas maneiras de entender o que é resultado, novos modos de cobrar e novas maneiras de se relacionar.

Os desafios das empresas serão, por exemplo, a criação de marcas que se adaptem às mudanças no negócio sem perder, entretanto, sua essência, preservando, assim, o seu propósito e sua autenticidade.

Ou seja, o que estamos chamando hoje de "nova economia" é composto basicamente de quatro tipos de negócio:

- » **Criativos:** aquelas empresas que trabalham com bens intangíveis e ganham dinheiro com o que gostam;
- » **Sociais ou de impacto:** aqueles negócios que são focados quase que exclusivamente no impacto que geram na sociedade;
- » **Escaláveis:** aqui se encaixam perfeitamente bem as empresas com conceitos difundidos pelas startups, que são bastante escaláveis e com alta materialização do lucro;
- » **Inovadores corporativos:** este grupo é composto de empreendedores com crachá e/ou colaboradores que empreendem com o dinheiro dos acionistas ou donos dessas empresas.

No mundo atual, marcado por incertezas e pelos mais diversos questionamentos sobre tudo, a palavra que pode ajudar a definir a nova economia é "disrupção", que tem como base um rompimento com o velho mercado e a abertura para o novo, mais tecnológico, flexível e prático.

Confira na tabela como a mentalidade influencia diretamente a conduta e práticas de quem está à frente dos negócios, bem como os posiciona na velha ou nova economia.

MENTALIDADE EMPRESARIAL	
Velha economia	**Nova economia**
Empresário	Empreendedor
Foge de problemas	Busca por problemas
Hierarquia	Autonomia
Rituais e *modus operandi* que se repetem	Criatividade e ousadia
Evitar o erro	Errar rápido
Business plan	MVP (*minimum viable product* ou produto mínimo variável)
Objetivo	Propósito

Os negócios mudaram

Escritório/Home office	Trabalho *everywhere*
Custo	Valor
Foco no cliente	Foco do cliente
Chefe	Líder inovador
Obediência	Inspiração
Erro	Aprendizado
O quê	Por quê
Terno e gravata	Qualquer roupa
Planejamento	Metodologias ágeis
Lançar no mercado	Protótipo, validação
Capital tangível	Capital intangível
Acesso a mudanças	Provoca mudança
Estrutura fixa	Estrutura enxuta
Vendas	Novos modelos de negócios
Escalonar	Escalar

A PERGUNTA É:
Estou preparado para essas mudanças?

E se, ao fim deste primeiro capítulo, você estiver se perguntando como se preparar para esse novo mundo e forma de fazer negócios, a base é:

DE QUE FORMA?

[RE]
REaprender
REfletir
REfazer
REcomeçar

"Se você não é uma marca, você é uma commodity." Essa afirmação pertence a Philip Kotler, sem dúvida um dos maiores nomes no que diz respeito ao pensamento contemporâneo, principalmente em relação ao mundo dos negócios. E, embora seja uma frase curta, ela define bem a relação entre negócios/marcas, consumidores/clientes e consumo/fidelização.

Na nova economia, os negócios nascem (ou se reinventam) com um único objetivo: romper o *status quo*. E isso só é possível quando as marcas se estabelecem de maneira a contar suas histórias com o propósito que as conecta com seus clientes, criando, consequentemente, verdadeiros embaixadores da marca.

E essa troca com fundamento na empatia e no alinhamento de pensamentos e representatividade se consolida com os resultados. Ou seja, uma empresa precisa mostrar um discurso que esteja alinhado com sua verdade mais intrínseca, mais íntima. Seus produtos e serviços vão apenas ratificar toda a história e todo o propósito que foram apresentados. Na nova economia, empresas que se destacam são aquelas que criam conexões e entregam valor.

A Allídem, em coparticipação com a Snaq, realizou a primeira pesquisa no Brasil sobre construção e posicionamento de marca na nova economia.[8] A consolidação e tratamento dos dados ficou por conta da MindMiners, empresa de tecnologia referência no mercado que realiza pesquisas por meio de uma plataforma de *human analytics*.

O estudo apresenta a visão de 335 lideranças de startups e empresas de tecnologia e mostra por que, no novo cenário digital, construir uma marca será uma premissa para qualquer negócio. E os resultados nos ajudam a entender como a nova economia acelerou processos e contribuiu de maneira efetiva para a evolução do ecossistema brasileiro de negócios.

Acompanhe a seguir os principais insights:

1. Marcas líderes formam conexões emocionais profundas porque defendem algo com o qual as pessoas se importam. Ao falarmos sobre marcas, na verdade estamos falando sobre o que essas empresas representam e defendem, em sua mais profunda essência;
2. Para impulsionar o sucesso no cenário de consumo atual, a marca não pode ser apenas uma camada que fica no topo; ela tem que estar apoiada em todo o negócio e é fundamental que líderes das áreas da empresa não só tenham clareza mas também assumam as diretrizes

---

[8] ALLÍDEM/SNAQ. Disponível em: https://www.allidem.com/pesquisa-sobre-branding-em-startups-e-empresas-da-nova-economia. Acesso em: 21 jan. 2023.

da marca. Afinal, empresas são lideradas por pessoas, assim como são suas marcas;
3. O Brasil nunca ocupou os rankings das marcas mais valiosas do mundo. Mas a maturidade sobre a construção de marca evoluiu com a vinda do Nubank. No podcast *Os sócios*, Cristina Junqueira, cofundadora e presidente do Nubank no Brasil, comenta: "A marca é a tangibilização da essência da empresa, é a cultura, é o produto, é tudo uma coisa só";
4. Uma empresa que alia seu discurso à prática cria conexões emocionais com as pessoas e constrói uma marca forte;
5. Na nova economia existem empresas que transformam ou criam categorias e se tornam referência para outras empresas que desejam fazer o mesmo;
6. As empresas que inovam localmente transformam globalmente. Do ponto de vista global, os Estados Unidos detêm a maioria das marcas da nova economia lembradas pela amostra. Essas empresas constroem experiências guiadas por suas crenças e pela mudança que desejam promover na sociedade. São capazes de transformar de tal maneira uma categoria que se tornam referência para outras empresas;
7. O trabalho de construção de marca deve ser encarado como um processo cuja gestão garantirá os valores da marca a longo prazo. Assim, a marca dá elasticidade para a empresa evoluir seus produtos ou até mesmo seu modelo de negócios. O mais importante é manter a essência;
8. A percepção que a marca passa para o mercado começa no primeiro dia que o negócio começou a operar. Mas será que a marca da sua empresa transmite os atributos corretos para o mercado-alvo por meio da sua comunicação e da sua identidade visual e verbal? Será que a marca comunica o que a empresa acredita na sua mais profunda essência? Deixa claro o que a empresa tem de único? Atrai os clientes certos?;
9. Construir marca significa sustentar valores e crenças e firmar um posicionamento que atrairá pessoas que se identificam com isso. Mesmo assim, um bom posicionamento não salva liderança ou produto ruim. Por isso uma marca precisa sustentar seus valores em tudo o que faz;
10. O time precisa ter muita clareza sobre a visão estratégica da marca e que as marcas se fortalecem no mercado por meio da consistência da entrega e da repetição na comunicação.

Esse estudo reforçou que toda essa comunicação traduzida não só como conteúdo mas também como identidade visual e verbal vai ajudar na diferenciação. Na nova economia, marcas são reconhecidas pela maneira como se comunicam e os insights citados anteriormente percebem dessa forma. É como associar a marca a uma pessoa. No que ela acredita? O que se propõe a entregar de valor e solucionar no mercado? Como se apresenta?

>>>> **Ter características próprias e ser capaz de sustentar seus valores e crenças nos leva ao reconhecimento e à reputação da marca. Enquanto o reconhecimento representa o vínculo entre os clientes e a marca, por conta de identificação, a reputação está atrelada ao respeito que a marca adquiriu no mercado, a partir do valor gerado na vida das pessoas.**

Na nova economia, negócios e líderes precisam desenvolver, sobretudo, a capacidade de transformar suas ideias e produtos em resultados que vão impactar a vida dos seus consumidores. Não é uma jornada simples, mas é possível. Prova disso é a quantidade de marcas/negócios que já promoveram essas transformações e seguem como inspiração para as demais. O momento é de arregaçar as mangas, buscar informações e promover as mudanças necessárias para se adaptar à nova economia.

CAPÍTULO 2

Um novo modelo empresarial

> SE VOCÊ TEM MEDO DE ABRIR UMA EMPRESA, MONTE UM NEGÓCIO PRIMEIRO.

Não é a empresa que cresce mais rápido que vence, e sim a que cresce melhor e de maneira consistente, com gestão e perenidade. Vencer não é sobre quão rápido você vai, e sim o mais longe que consegue chegar e, principalmente, se manter.

É claro que a lucratividade é o objetivo de qualquer negócio. É ela que faz a empresa crescer. Mas, quando as empresas crescem muito rápido e estão em plena expansão, a consequência são os novos desafios que aumentam proporcionalmente ao avanço. E, por mais estranho que ainda possa soar para algumas pessoas, sim, um crescimento acelerado e de maneira desorganizada pode se tornar um problema para o negócio.

Isso acontece principalmente quando a empresa não consegue planejar as próximas etapas e quando não tem noção da realidade do mercado. Ou seja, se você não acompanha o crescimento e não mensura os resultados – ou ainda não tem os recursos ou os conhecimentos para isso –, pode ser que a sua empresa esteja em perigo justamente por crescer.

Não tem segredo: quanto maior – mais clientes, colaboradores, fornecedores, parceiros etc. –, mais complexo o negócio se torna no que diz respeito à própria gestão. É preciso considerar, também, que um novo contexto exige novas ferramentas e uma abordagem diferente, e é preciso se preparar. O que funcionou no ano anterior talvez já não sirva mais no seguinte; o que atende um cliente pode não atender outro, e assim sucessivamente.

Para crescer e se manter no mercado a médio e longo prazo, esteja atento aos pontos mais básicos que podem comprometer a operação:

» **Falta de planejamento:** com novos projetos em pauta, certamente surgem novos escopos, novos prazos e, claro, novas despesas. Sua empresa pode estar em plena expansão, mas, acredite, a sua concorrência também está. E mais do que isso: você pode aumentar o seu faturamento e ainda assim se endividar. Ter um planejamento estratégico para toda e qualquer ação da empresa é essencial. Tenha atenção a todos os detalhes, pois algum deslize pode ser o suficiente para grandes perdas financeiras;

» **Comprometer-se com mais do que consegue entregar:** um erro bastante comum entre empreendedores iniciantes é ter aquela sede de querer cumprir os mais variados projetos, acumulando, assim, mais clientes e faturamentos. A estratégia, de fato, é tentadora. Mas costuma não dar certo para a maioria das empresas. O ideal é buscar novos projetos de acordo com o conhecimento e experiência da empresa. Seja referência no mercado especializando-se em uma atividade e criando novas linhas de projeto de maneira sólida e progressiva;

» **Gestão omissa:** lado a lado com o planejamento, a gestão também é fundamental para administrar um negócio de maneira próspera e equilibrada. É preciso ter uma conduta firme e orientada para resultados, o que não acontece com a maioria das empresas que ingressa no mercado, que não estabelece metas e objetivos desde o princípio.

Perceba que, ainda hoje, muitas pessoas relacionam o ato de empreender com uma atitude pautada pelo risco total, mas é claro que não precisa nem deve ser assim. Fazendo uma analogia, não é preciso se jogar de um penhasco ao optar por empreender, mas, se realmente decidir fazê-lo, que seja com os equipamentos e ferramentas certas. Jogar-se sem um "paraquedas" realmente seria um enorme erro e, sim, sem as devidas precauções e conhecimento, um "suicídio" premeditado (mesmo que de maneira inconsciente).

Às vezes, na ânsia de vencer, mudar de vida e até mesmo de colocar em prática suas ideias e viver um propósito, as pessoas se esquecem de que não precisam largar tudo para empreender. É possível ir migrando, experimentando, crescendo. Existem, basicamente, três tipos de empreendedor que são definidos em detrimento das situações/contexto que vivem e a forma como se comportam diante disso. São eles: o intraempreendedor, o empreendedor por necessidade e o empreendedor por oportunidade.

O intraempreendedor é aquele que entende o seu momento atual e que está ligado a uma organização (empresa, negócio) e ainda assim decide empreender internamente, sugerindo melhorias nos processos, nos produtos; ou seja, ele enxerga oportunidades de fazer a diferença no ambiente em que está inserido.

O empreendedor por necessidade, como o próprio nome sugere, é aquele que abre o próprio negócio porque, na sua visão, naquele momento, não existem outras opções de trabalho. Principalmente nesse momento em que estamos vivendo, acredito que surgirão inúmeros empreendedores que se encaixam nessa situação. Em geral, estão desempregados e, para conseguir o sustento de sua família, aventuram-se abrindo um negócio próprio, na maioria das vezes sem nenhum planejamento, estratégia e muito menos conhecimento em relação ao que estão fazendo. É claro que essa situação é a mais delicada, mas, mesmo assim, é possível se estruturar mesmo que minimamente para viver essa experiência de maneira positiva, e não traumática.

Os que empreendem por oportunidade, por sua vez, estão, em geral, em uma situação de vida mais favorável que lhes permite investir em oportunidades que se apresentam. Uma oportunidade pode ser encarada como um acontecimento conveniente capaz de melhorar o estado atual de um indivíduo, uma situação nova que traga benefícios etc.

O fato é que cada pessoa tem um estímulo diferente para empreender, e a grande diferença está no impulso, na motivação para dar o primeiro passo. Mas, independentemente do grupo em que você está inserido, uma coisa é certa: para vencer, é preciso se arriscar. A verdade é que a sua vida vai mudando na proporção da sua coragem e das suas atitudes. Mas não se esqueça de que empreender é como uma montanha-russa bem radical: se embarcou, *enjoy the ride* [aproveite!]!

É, no fim das contas, uma missão imprevisível: nunca sabemos exatamente o que vamos encontrar pela frente. Nem toda missão vem com um manual e/ou guia. Mas, em primeiro lugar, é preciso ter consciência de que você está embarcando nessa viagem e tentar, na medida do possível, preparar-se para ela. E o melhor "paraquedas" é o conhecimento, independentemente do momento em que você esteja.

É *inevitável* que você, leitor, precisa transformar a sua mentalidade e seu negócio, subindo seu nível de consciência, e estar em sintonia com o que está acontecendo no mundo e no mercado. E boa parte dessas mudanças passam pelo universo digital e suas oportunidades, como você verá nos próximos capítulos.

EMPRESÁRIO TRADICIONAL *VERSUS* EMPRESÁRIO EMPREENDEDOR

Para quem chegou nesse ponto da leitura, certamente já sabe que não adianta abrir um CNPJ sem antes fazer o mais importante que é pensar o negócio, pensar em qual problema vai resolver, descobrir a persona, fazer um protótipo ou MVP e, claro, validar tudo isso depois. É validando que se aprende, corrige, aperfeiçoa o que se destaca, ou seja, somente após isso é que se abre uma empresa. Lembra dos passos anteriores que passamos?

O fato é que, se não funciona na validação, esqueça tudo e recomece. O propósito dos testes está em verificar se haverá consequências maiores ou prejuízos que podem ser evitados. Para validar, não é preciso de grandes investimentos ou abrir uma empresa propriamente dita, é possível começar via WhatsApp, Instagram e usar seu próprio CPF para vendas, antes de abrir um CNPJ.

Errar barato, crescer rápido e consertar o que precisar: este é o caminho. A seguir, veja as principais diferenças entre o empresário tradicional e o empreendedor.

Um novo modelo empresarial

QUANDO UM EMPRESÁRIO TRADICIONAL VAI ABRIR UM NEGÓCIO, EM QUE ELE PENSA PRIMEIRO?

1. Abrir um CNPJ.
2. Montar um escritório.
3. Estrutura física (mesa, cadeira, computador).
4. Fontes de financiamento.
5. Contratar pessoas.
6. Pró-labore, margem etc.

QUANDO UM EMPRESÁRIO EMPREENDEDOR VAI ABRIR UM NEGÓCIO, EM QUE ELE PENSA PRIMEIRO?

1. Em um problema para resolver.
2. Entender o tamanho desse problema e a abrangência da dor de quem sente o problema.
3. Plano de negócio (o quê, por quê, como, para quem e com quem).
4. Validação da solução (ou MVP concierge).
5. Testar as hipóteses.
6. MVP (primeira versão).
7. Pivotar e corrigir.
8. Desenvolver.
9. Operar/vender.
10. Estruturar o negócio.

Os melhores empreendedores são aqueles que têm total consciência e domínio do seu próprio *eu*. Sabem enxergar e aceitar seus defeitos, virtudes, crenças e limites. Reconhecem onde estão e se desafiam o tempo todo para melhorar e evoluir sempre. Pensam "dentro da caixa" e conhecem profundamente o seu espaço, passo fundamental antes de querer pensar "fora" dela.

E é claro que nem sempre essa é uma tarefa fácil, motivo pelo qual tem tanta gente "perdida" no mundo sem sequer saber reconhecer o próprio potencial. Além disso, esse exercício geralmente envolve resistência em identificar e aceitar principalmente o que não lhe agrada muito. Destacar as qualidades e enumerar o que você consegue fazer é fácil; lidar com o que você não consegue ou não sabe fazer e com os defeitos que tem é o grande desafio.

Lembra que, antes de entender de negócios, é preciso entender de *gente*? Muitos empreendedores pecam porque acham que estão lidando com máquinas, e não com colaboradores ou consumidores. A autoaceitação e o autoconhecimento fortalecem e evitam que você lute contra si e desprenda a energia que poderia ser usada, por exemplo, para fazer seu negócio crescer ou para impulsionar novas ideias. Você só cresce quando é capaz de se colocar no lugar do outro, de desenvolver a sensibilidade de ouvir e aceitar críticas e erros, de entender o que precisa mudar e, principalmente, o porquê de ter que mudar certas ações ou atitudes. Ninguém mais compra a ideia de "pessoa perfeita", "empreendedor completo", então não tente passar o que não existe; seja no trato com um cliente ou um investidor, a verdade é a melhor moeda de troca nos dias de hoje.

Desperte, experimente respeitar suas próprias fraquezas e limitações. O primeiro passo talvez seja encarar o que mais o assusta. Nos castelos medievais, havia fossos. Aquela escavação profunda no seu entorno, cheia de água, chamada de *moat* (fosso, em português) não era projetada para entretenimento ou decoração, mas sim como uma forma bastante inteligente de proteger o castelo dos ataques de inimigos. Já os castelos sem fossos eram mais vulneráveis a ataques vindos de baixo.

Ou seja, esse *moat* era uma grande vantagem interna (em relação ao sentimento de proteção e autoconhecimento que ali era simbolizado por uma condição que poderia ser explorada no bom sentido da palavra) e externa (de poder), sendo que a prática durou por décadas.

Ao trazer o termo e seu significado para os dias de hoje, no mundo dos negócios, a palavra *moat* significa diferencial competitivo. Então qual é o seu *moat*? O que você faz que protege e separa você da concorrência? Qual o seu diferencial competitivo? E, o principal, você é capaz de responder a essas perguntas ou ainda está lutando contra si mesmo?

Convivo com centenas de pessoas de sucesso, de vários tipos, setores e classes sociais. As que mais conseguem perenidade e prosperam em todos os sentidos são aquelas que, de alguma maneira, conseguem equilibrar conhecimento, simplicidade, sucesso, riqueza, trabalho, influência, autoridade e empatia. De fato, não é fácil lidar com esse misto de sentimentos e conquistas; arrisco-me a dizer que é exatamente por isso que tanta gente se perde no meio do caminho.

Em primeiro lugar, quando o assunto é empreender, o mundo dos negócios como um todo e o ecossistema de startups, principalmente, não dá margem para erros ou valoriza a vaidade. Não é difícil perceber que quem se destaca alcança esse feito justamente por ter equilíbrio e controle sobre si mesmo, suas emoções e ambições. São inúmeros os casos em que as pessoas tentam inverter os valores. Quantos "especialistas de tudo" estão surgindo sem que eles ao menos tenham vivido o que estão tentando ensinar?

Apesar de o tempo e a própria vida se encarregarem de dar as devidas "porradas" e, por meio de lições, oferecer diferentes ensinamentos, prefiro sempre lembrar as pessoas de que nada é para sempre e de ter os pezinhos bem firmes no chão. Não falhar no que é essencial já é um excelente começo. A certeza, sem dúvida, faz de você um ignorante. A simplicidade, sem autoconhecimento, deprecia. A riqueza, sem caridade, faz de você um avarento. A empatia, sem compaixão, faz de você um dissimulado. A influência, sem "semancol", deixa você metido. O trabalho, sem tempo, faz de você um escravo. A autoridade, sem respeito, faz de você um tirano.

Como identificar esses pontos e descobrir quem é assim? Esteja atento aos sinais, pois eles são preciosos, seja na vida pessoal ou profissional. Pequenos sinais e certos detalhes, repetidamente, de autopromoção, *selfishness*, ancoragem, vendas, ostentação, prepotência, benevolência demais, ingenuidade, entre outros tantos, dizem muito sobre alguém.

E nada é mais poderoso do que a coerência. Falar é fácil, mas o que foi feito? Entender o que é mostrado e como isso é feito é enxergar o filme por trás da foto. Como eu costumo dizer, quem fala que sabe geralmente não sabe. Quem mostra o que tem não deve ter tanto assim.

É desafiador ler as entrelinhas, porém, é necessário para sobreviver e, principalmente, para se destacar.

>>>>

EMPREENDEDOR *VERSUS* FAZEDOR
Você é um empreendedor ou fazedor? Reflita de maneira sincera; afinal, essa resposta é fundamental para ajudar você a entender e planejar suas estratégias

e ações a médio e longo prazo, e eu explico por quê. Hoje em dia, a palavra "empreendedorismo" é muito mais difundida do que no passado recente, basta abrir qualquer jornal, jogar o termo no Google ou até mesmo assinar revistas e newsletters que focam totalmente a cobertura desse ecossistema.

E a sensação que dá é a de que todo mundo quer empreender, ter o próprio negócio, ser o próprio chefe e de que a grande maioria fica esperando a oportunidade ideal para "largar tudo" e começar o seu negócio e tirar as ideias do papel. Quantas vezes você ouviu de um amigo ou parente algo do tipo: "Eu tenho uma ideia ótima", "Pensei nisso ou naquilo para empreender"?

Mas o fato é que, se você quiser se diferenciar, não pode somente esperar a oportunidade aparecer, precisa criar a própria oportunidade. O mundo está cheio de problemas para serem resolvidos com soluções criativas e inovadoras, e muitas pessoas podem realmente estar dispostas a pagar ou investir na sua ideia. Mas, enquanto ela estiver apenas no papel, será só mais uma ideia. Logo, você precisa ir para o campo de batalha, porque é lá que as boas ideias viram grandes negócios! É no dia a dia, no aprendizado, nos erros e acertos, na experimentação.

E, se você se animou com este texto e está se perguntando: "Ok, João, então o que eu preciso para começar?", já adianto que essa é uma das perguntas que eu mais recebo. E a dica que eu sempre dou é: comece para ter boas ideias, não espere uma boa ideia para começar.

Dificilmente seu primeiro negócio será perfeito, um sucesso, não importa o quanto você planeje e/ou espere a "grande ideia" chegar. Digo mais: se você ficar esperando pelo momento ideal, sinto dizer que certamente alguém com menos recursos, mas com mais vontade que você, vai fazer primeiro e largar na frente.

Então, mude sua mentalidade de "fazedor" – que basicamente espera as oportunidades baterem à porta para fazer o que é preciso ou o que gostaria, mas que não teve a iniciativa de correr atrás – para "empreendedor" – que compreende que, para alcançar o que deseja, terá que construir uma jornada que se torna impossível sem dar o primeiro passo.

Não me canso de dizer que empreendedores são inquietos e curiosos por natureza. Se você detém essas características e deseja empreender, não deixe para amanhã o que você pode começar hoje. Com consciência, planejamento e ação, não tenho a menor dúvida de que muito em breve vou encontrar você por aí no ecossistema empreendedor.

O CICLO QUE SE REPETE

A consciência aplicada é compreender em que estágio você se encontra e o que precisa fazer para subir o seu nível e avançar rumo aos demais estágios de vida e consciência. Nesse sentido, os ciclos são importantes indicativos e servem como bússola.

A vida é feita de ciclos, de altos e baixos. E muitas pessoas adotam para si a falsa ilusão de que um bom momento, o auge, vai durar para sempre. Esse é um erro muito comum que, em alguns casos, pode ser fatal para uma carreira ou empresa. Pensar dessa maneira automaticamente implica dizer que você não está atento ao que tem acontecido à sua volta. Principalmente em um momento em que tudo tem mudado com uma velocidade absurda, manter-se do mesmo jeito a médio e longo prazo pode representar a ruína de qualquer um.

Não digo isso para assustar ninguém, pelo contrário; é com o intuito de alertar. Tudo muda: pessoas, contratos, cenários, tecnologias, o mercado e, claro, os próprios clientes e parceiros. Ou seja, permanecer estático – mesmo que agora esteja tudo funcionando perfeitamente bem e como você gostaria – não quer dizer se manter no caminho do sucesso. Mexe-se, sim, em time que está ganhando, afinal a evolução precisa ser contínua. Enquanto na vida a mudança é inevitável, nos negócios ela é vital. Nunca deixe que o medo de perder seja maior que a sua vontade de ganhar.

INEVITÁVEL

Se você não está planejando a próxima conquista, não está sendo estratégico e corre o risco de ficar para trás, porque provavelmente seu concorrente está. Se deseja continuar ganhando, precisa se movimentar, se reinventar, pensar em novos formatos, entregas e, se necessário, até mesmo em produtos. Isso serve para empresas líderes de mercado, que precisam o tempo todo reinventar conceitos, buscar a evolução. Isso serve para partidos políticos que estão no poder, que precisam renovar as lideranças, atualizar as ideias. Isso serve para relacionamentos amorosos, que hoje estão em sua plenitude, mas amanhã cairão na rotina.

É fato que dificilmente alguém pensa em mudar algo quando as coisas estão indo bem, mas é necessário. Pense como se fosse parte da rotina usar a criatividade para buscar ações preventivas e mexer no time que está ganhando, sim, para continuar vencendo.

Mais do que isso, líderes – pessoas físicas cujas características inspiram, tomam frente naturalmente, ou de mercado – sabem muito bem que é preciso prevenir para administrar bem a vantagem. E isso implica deixar o ego ou a vaidade de lado para não perder o foco e o campeonato em detrimento de algumas vitórias.

E, ainda nesse sentido, note que nada é mais poderoso na vida do que a coerência. Falar é fácil, inclusive mudar de opinião por conveniência. Quer exemplos de incoerência? Querer sucesso sem se esforçar; tentar emagrecer comendo; falar para as pessoas coisas que elas não deveriam fazer e fazê-las; reclamar errando; manter parceiros sem valorizá-los, sem se doar em troca; pedir sinceridade mentindo; exigir lealdade traindo. Prefiro ser coerente com o que falo, escrevo e faço, independentemente da necessidade, do momento ou da situação. Aliás, me arrisco a dizer que somente desse modo é possível construir algo real, baseado na verdade das suas convicções e de seus princípios, principalmente se você deseja se tornar referência de algo. O que mais tem hoje são especialistas de tudo que não entendem de nada e que mudam de opinião ou de rumo como se isso fosse a coisa mais natural do mundo.

Perceba que qualquer pessoa que tenha como objetivo de vida mudar a opinião de outras pessoas tem de estar comprometida com dois princípios básicos: fazer sempre aquilo que defende e apoiar (de qualquer maneira possível) causas que estejam de acordo com o que defende. Ou seja, a coerência em seu sentido literal: ser lógico, manter suas

>>>>

**Nunca deixe
que o medo
de perder seja
maior que
a sua vontade
de ganhar.**

opiniões, seus princípios e comportamentos, que, por sua vez, precisam ser coerentes com suas ideias.

E olha que interessante: provavelmente você, ironicamente, já parou para pensar que, no geral, as pessoas estão pouco dispostas a mudar de ideia. E a explicação é simples: mudar uma única opinião significa que o indivíduo tem de mudar suas opiniões a respeito de vários tópicos que estejam relacionados a essa ideia central. Há um preço ao se repensar toda e qualquer opinião, principalmente aquelas que você mais aprecia e valoriza.

Agora, se é algo óbvio para todos que essa pessoa não faz o que defende, então fica claro que o próprio defensor da ideia não leva a sério a verdade e a efetividade daquilo que diz e, nesses casos, é mais fácil manter sua linha de raciocínio inicial.

No entanto, pode acontecer ainda o desenvolvimento do outro lado dessa moeda, que seria ouvir determinada pessoa se posicionar sobre algo de maneira que aquilo faça sentido para você. Ainda assim, se isso acontecer, esteja atento para que você não seja influenciável ou passe a mudar de opinião de acordo com a necessidade, contexto ou conveniência por qualquer motivo que seja.

Para que isso não aconteça, se valha da coerência com base em sua essência e seus princípios. Principalmente no mercado, todos observam o tempo todo as atitudes das pessoas com quem se relacionam. Então, se você deseja construir uma imagem sólida, seja na área que for, preze sempre por "fazer o que fala", perto e longe das câmeras e das redes sociais.

<u>A primeira pessoa a quem você deve ser fiel é você mesmo, independentemente da situação, necessidade ou oportunidade. Manter-se focado e agir de acordo com o que realmente acredita é o que diferencia as referências (que passam e as que ficam) a médio e longo prazo.</u>

Como chegar ao topo? Se tem uma coisa que eu tenho certeza é de que qualquer pessoa, independentemente da área de atuação e dos objetivos, tem como meta alcançar o topo. Afinal, ninguém investe tempo, formação, dinheiro, entre outras tantas coisas, com o intuito de não chegar a lugar algum.

Acredito que, de pronto, alguns leitores já devem ter respondido que para alcançar o tão sonhado topo é preciso aprender a ser uma pessoa equilibrada, no sentido literal da palavra. Mas adianto que equilíbrio é importante, claro, mas que não é o principal ingrediente!

Um novo modelo empresarial

Para chegar ao andar mais alto, é preciso muita visão, ousadia, coragem, persistência e de principalmente "semancol", muita noção, menos ego e certa prudência, para conseguir enxergar e até imaginar se a estrutura vai mesmo aguentar quando você chegar lá no seu "topo". Às vezes temos peso demais para estrutura de menos!

Na prática, isso quer dizer que não se trata de conseguir chegar lá, mas de como você vai conseguir (bases sólidas ou não) e por quanto tempo permanecerá nesse lugar. Muitas pessoas se preocupam tanto em conseguir que esquecem que, quando chegarem lá, continuarão precisando de ar, de fôlego, que muitos perdem na subida.

Além disso, nunca se esqueça de que existe uma enorme diferença entre saber o caminho e conhecê-lo. E isso se dá basicamente por falta de conhecimento e informação. Aliás, você sabe a diferença entre eles? Parece óbvio, mas não é! E acredite: faz toda a diferença em qualquer jornada.

É fácil perceber as pessoas errando e confusas em relação às diferenças entre informação e conhecimento. Elas costumam, por sua vez, usar certos termos de maneira intercambiável, sem saber que existem diferenças.

Informação significa dados processados sobre alguém ou alguma coisa, enquanto o conhecimento refere-se a informações úteis obtidas por meio da aprendizagem e da experiência.

Percebeu como ambos são fundamentais no processo de escalada rumo ao topo? E aí, como você vai chegar aonde almeja? Com ar e pronto para seguir adiante ou todo arrebentado? Consulte seu "semancol" antes de prosseguir, dica de um amigo.

<u>O que você tem feito para se tornar o que deseja? Quem você é hoje e o que quer ser?</u> Sim, são duas perguntas curtas, mas que requerem muita reflexão e autoconhecimento para encontrar uma resposta sincera e fiel a você, a seus sentimentos e expectativas. Faz parte do ser humano querer mudar, querer alcançar novos objetivos, ir mais longe. Mas, para isso, a caminhada precisa ser condizente com suas atitudes, percepções e capacidade de se adaptar.

E nunca é demais lembrar que a qualquer momento, independentemente da sua atual situação, você sempre pode fazer grandes mudanças na sua vida, nos seus negócios e na sua carreira. Nesse sentido, listei cinco grandes decisões que impactam sua vida:

INEVITÁVEL

1. Onde mora?
2. Com quem está?
3. Quem são suas referências?
4. O que estuda?
5. O que faz?

As respostas a essas perguntas podem impulsionar seu sucesso ou fracasso em todas as áreas. Como descobre isso? Quando está intensamente interessado no assunto e em si mesmo. Foi assim comigo! Quais ferramentas eu usei para descobrir isso?

- Autoconhecimento;
- Autodesenvolvimento;
- Autorresponsabilidade.

Muitos pensam que é preciso ter um *playbook* apenas em nossa vida profissional. Mas existem algumas regras não escritas que em geral pessoas bem-sucedidas aplicam em sua vida. Reuni algumas que são fundamentais para mim.

- Deixe ir;
- Sorria mais;
- Mantenha a calma;
- Pare de se comparar;
- Não ligue para opiniões alheias;
- Sua felicidade depende só de você;
- Dê tempo ao tempo.

Por fim, acredito que quando uma história ruim se repete é porque você ainda não aprendeu a devida lição. Seguem algumas razões para a repetição:

- Comete os mesmos erros de sempre;
- Não olha por outras perspectivas;
- Fica culpando o mundo;
- Não deu atenção ao problema;

Um novo modelo empresarial

- » Se acha imbatível;
- » Não se blindou;
- » Deus lhe ensinando.

Pense nisso. Reflexões sinceras trazem resultados e mudanças reais.

PLANEJAMENTO PARA NEGÓCIOS CONTEMPORÂNEOS

Com toda certeza, já ficou claro para você que novos tempos exigem novos modelos de negócios. Precisamos desenvolver negócios para as necessidades das pessoas e dos mercados dentro de um conceito atual. Não existe mais espaço para negócios baseados na antiga economia, que é considerada tradicional por muitos. Alguns conceitos/mudanças básicas nos ajudam a entender melhor esse cenário baseado em velhas práticas e mostram o que mudou na dualidade entre tradicional e novo.

Em relação ao modelo de monetização, enquanto a economia tradicional vendia, alugava e prestava serviço, a nova economia acredita na receita com base na construção de um público. Quando analisados os serviços oferecidos, percebe-se que antes eles eram restritos e comoditizados. Agora, existe uma grande variedade e, no geral, são criativos.

Quando o assunto é software, é fácil perceber que a mudança se dá pela troca de plataformas sob demanda e sistemas proprietários para mercados nichados, *white label*[9] e ferramentas SaaS[10], que permitem aos provedores administrarem os próprios negócios.

A relação entre consumidor e fornecedor também mudou. Até pouco tempo existia uma capacidade limitada de envolvimento, mas hoje o que vemos é o incentivo massivo em torno da interação, da lealdade e o surgimento de defensores de marcas/produtos. E o crescimento

---

[9] Em tradução literal, significa "etiqueta branca", nome que se dá quando uma plataforma é desenvolvida por uma empresa, mas recebe a marca de uma parceira que o revende para seus clientes.

[10] SaaS ou Software as a Service é uma forma de disponibilizar softwares e soluções de tecnologia por meio da internet, como um serviço. Dessa maneira, uma empresa não precisa instalar, manter e atualizar hardwares ou softwares. Por isso essa solução é amplamente utilizada na contemporaneidade.

INEVITÁVEL

passou a ser medido em função da expansão do público satisfeito, e não mais pelo tempo gasto ou trabalho despendido.

Note que os negócios de destaque hoje são acessíveis a todos, não apenas às empresas e profissionais estabelecidos como também aos entrantes que geralmente se concentram em oferecer produtos digitais e serviços virtuais, ajudam na solução de problemas em qualquer segmento, fornecem ferramentas e plataforma para crescer e operar um negócio de um terceiro, e abrem portas para novas formas de trabalho.

Planejamento para negócios

Essas plataformas digitais permitem que as pessoas obtenham um meio de vida de modo a se destacar de maneira autônoma. Isso porque elas oferecem aos provedores maior capacidade de construir relacionamentos com os clientes, maior suporte no crescimento de seus negócios e melhores ferramentas para se diferenciar da concorrência. No processo, eles estão alimentando um novo modelo de empreendedorismo alinhado ao que estamos chamando de nova economia.

Com toda certeza você deve ter se lembrado de muitas empresas/startups que se encaixam nesse perfil e que cumprem os requisitos para se enquadrarem no novo modelo que tem pautado o mercado no mundo todo. Por mais que existam desafios, o fato é que tanto as empresas nascidas na economia tradicional como as da nova economia precisam estar atentas às transformações que não param de ocorrer e entender que se adaptar e ser flexível passaram a ser características básicas para sobreviver e conquistar clientes atualmente.

Um novo modelo empresarial

Ainda considerando o planejamento estratégico, criar uma escada de produtos[11] possibilita que sua empresa aumente o faturamento, sem depender de alcançar novos clientes ou aumentar o preço de um único produto. Muitas vezes a dificuldade em vender e escalar o negócio pode estar na falta de oferta para o público que você atrai. Já pensou nisso?

É importante ressaltar que uma escada de produtos não é oferecer vários produtos aos consumidores para ver quantos eles escolhem para comprar. Ao fazer isso, você pode correr o risco de apenas confundir o consumidor e não ter o resultado previsto no faturamento. A escada de produtos precisa ser enxergada como uma estratégia!

Na prática, um exemplo que ilustra bem e ajuda a compreender o que eu disse é uma marca de automóveis. Essa marca tem um veículo de entrada, mais simples. Na sequência, uma versão com alguns acessórios a mais e outras versões com funcionalidades extras. Conforme vai evoluindo essas opções, o valor vai aumentando. Entendeu? Planejamento e estratégias eficientes e inteligentes precisam andar lado a lado.

> **SOBRE A NOVA ECONOMIA E NEGÓCIOS**[12]
> » O YouTube contribuiu com mais de 6 bilhões de reais para o produto interno bruto (PIB) brasileiro em 2021. Ou seja, nada mais natural que sua empresa crie estratégias para fazer parte desse meio;
> » De acordo com um levantamento da Oxford Economics, o YouTube teve aumento de 50% de impacto na economia brasileira. Criadores de conteúdos da plataforma geraram mais de 160 mil empregos apenas em 2021;
> » Para pequenas e médias empresas, 83% delas que têm canal na plataforma aumentaram sua base de clientes. Ou seja, o YouTube deixou de ser um canal de vídeos para se tornar uma plataforma de empreendedorismo.

Todas essas mudanças se deram com base na rápida adaptação às mudanças do mercado com foco na análise do comportamento do consumidor.

---

[11] Com uma escada de produtos, o principal objetivo passa a ser fazer com que o consumidor avance ao longo desta escada e permaneça o maior tempo possível comprando da sua empresa.

[12] AMÉRICO, J. YouTube contribuiu com mais de R$ 6 bilhões para o PIB brasileiro em 2021. MoneyTimes. Disponível em: https://www.moneytimes.com.br/youtube-contribuiu-com-mais-de-r-6-bilhoes-para-o-pib-brasileiro-em-2021/. Acesso em: 1 mar. 2023.

CAPÍTULO 3

Uma empresa existe para ser herdada, perdida, vendida ou investida

Com recorrência tenho abordado temas relacionados ao universo empresarial e suas transformações. Em primeiro lugar, porque vivemos uma era pautada pelo digital e pela nova economia. Em segundo, porque inúmeras vezes me pego pensando se todos os empresários que nasceram na antiga economia já se deram conta de tamanhas mudanças que vão do objetivo ao propósito, passando da figura do chefe ao líder, do erro ao aprendizado, e assim por diante.

A pergunta que fica é: afinal, como pensa um empresário moderno? Antigamente, quando pensávamos em montar um negócio, a primeira coisa que vinha à mente era montar um escritório, uma estrutura (mesa, cadeira e computador), contratar uma secretária, ter um telefone. A ideia de sucesso estava totalmente atrelada a ter um espaço físico imponente e um bom endereço comercial.

Hoje, quando pensamos em montar um negócio, a primeira coisa a se pensar é *o porquê*. Todo aquele aparato físico e estrutural cedeu lugar ao protótipo definido, à validação, ao home office ou espaço em algum coworking e, somente então, pensa-se em uma estrutura maior e aquisição de bens (se necessário).

Uma empresa existe para ser herdada, perdida, vendida ou investida

E é justamente em razão dessas transformações que ficou mais fácil se inserir no mercado, testar, errar, corrigir e fazer de novo. Talvez essa seja a grande diferença em relação ao antigo e o novo pensamento de um empreendedor. Antes existiam amarras e crenças que engessavam o comportamento e as ações; agora o que vemos são líderes que buscam o aperfeiçoamento contínuo e o crescimento sólido e crescente, desde que estejam alinhados e que atendam os anseios dos novos clientes/consumidores.

Mas lembre-se de que nenhum crescimento desenfreado se sustenta a longo prazo sem planejamento e muitas estratégias previamente definidas, estando o negócio inserido na economia tradicional ou nova. O mercado é o juiz e não aceita amadores ou empreendedores que acham que podem pular etapas, independentemente do motivo, e isso faz parte da mentalidade dos que entendem como sucesso um processo árduo e que buscam constantemente por sua melhor versão.

Com base nesse contexto, é inadmissível confundir disponibilidade com imprudência. Por mais que a mentalidade do empreendedor esteja mudando, cautela e sabedoria nunca serão características ultrapassadas. Para se ter uma ideia da representatividade desse momento e do mundo das startups que simbolizam o processo de transição entre antigo e novo formato de negócios, nunca se investiu tanto em startups, empreendedores e boas ideias. Isso porque já é sabido no mercado que para permanecer nele é preciso mudar a maneira de enxergar o mundo, as empresas e até mesmo o produto/serviço que você oferece. Para agir de agora em diante, pare e pense: Com qual grupo e mentalidade eu mais me identifico? A partir da resposta, você saberá o que precisará fazer para continuar.

Criou-se uma crença comum no mercado de que startups precisam captar muito dinheiro de investimento para crescer. De imediato, já vou logo dizer que um novo negócio precisa principalmente de três coisas:

» Alcançar o *breakeven* (ponto de equilíbrio);
» Atingir o PMF (*product market fit*, ou seja, ter um produto que satisfaça a real necessidade do mercado em que você está inserido);
» Captar o dinheiro do cliente.

No geral, as startups já nascem com o objetivo claro de crescer ou "escalar", como se diz no meio. Crescimento é bom, óbvio, mas tem que ter gestão e controle, e não a qualquer custo. Dinheiro de investimento precisa ser carimbado, ou seja, é o dinheiro de um investidor que valida uma rodada de investimento, e deve ser utilizado buscando o equilíbrio e crescimento. E não para sustentar o negócio por toda a vida. Nesse sentido, uma startup precisa ser capaz de se sustentar sem o dinheiro do investidor; se o investimento chegar (ou quando chegar), será usado para fazer crescer; se não chegar, deve ir de maneira orgânica mesmo, passo a passo.

Nenhum crescimento desenfreado se sustenta a longo prazo sem planejamento e muitas estratégias previamente definidas. O mercado é o juiz e não aceita amadores ou empreendedores que acham que podem pular etapas, independentemente do motivo.

A minha análise sobre a saúde de uma empresa passa pela fragilidade de dependência apenas do dinheiro dos acionistas ou de investimento para *sobreviver*. Risco é uma coisa, e quem investe em startup o conhece bem, mas a fragilidade de depender de muita dívida e de oscilações de mercado é uma linha muito tênue entre o sucesso e a ruína.

Como exemplos, podemos citar as startups famosas WeWork, Uber, Netflix e Airbnb, que são totalmente dependentes do dinheiro de fundos para sobreviverem. Ou seja, se não continuarem captando no mercado privado ou fizerem uma oferta pública, entrarão em colapso financeiro, pois continuam com fluxo de caixa negativo gigante.

Não se pode confundir disponibilidade com imprudência. Nos últimos dez anos, alguns novos investimentos começaram a fazer parte da vida dos mais diversos tipos de investidor. As pessoas estão finalmente percebendo outros instrumentos financeiros que trazem retornos muito melhores do que a poupança, por exemplo. Para vocês terem uma ideia da representatividade, nunca tivemos tantos investidores de renda variável na Bolsa de Valores como temos hoje; são mais de 1 milhão.[13] Isso se deu graças à democratização da informação

---

[13] Total de investidor pessoa física cresce 43% no primeiro semestre, mostra estudo da B3. **B3**. Disponível em: https://www.b3.com.br/pt_br/noticias/porcentagem-de-investidores-pessoa-fisica-cresce-na-b3.htm. Acesso em: 1 mar. 2023.

e da educação financeira popular promovida por vários especialistas. Esse crescimento não é apenas um fenômeno isolado; é uma tendência de crescimento no número de pessoas físicas, também em outros produtos, não só em Bolsa.

Nunca se investiu tanto também em startups, devido ao seu potencial de retorno atrativo. No entanto, volto a afirmar: tanto o empreendedor como o investidor precisam saber precisamente quando, onde e como o dinheiro captado será empregado. Dinheiro que entra para custear operação corre o sério risco de morrer com ela.

APRENDA A OLHAR PARA ONDE TODOS ESTÃO OLHANDO E ENXERGAR O QUE NINGUÉM ESTÁ VENDO

Se você fizer uma pesquisa simples com qualquer pessoa que seja do seu convívio, provavelmente encontrará sinônimos entre inteligência e esperteza. No geral, associa-se quem é esperto – que percebe tudo, atento, vigilante – a uma pessoa também inteligente. De fato, não à toa fazemos tal associação. Dificilmente alguém esperto por essência não é também inteligente, que, segundo a sabedoria popular, é alguém que tem um bom conhecimento acerca das coisas. Mas é preciso considerar que o que realmente precisa se sobressair é a inteligência. Queira ser mais inteligente do que esperto. Apesar de os espertos terem boas sacadas e saírem de situações complicadas, os inteligentes nunca entrariam nelas.

De fato, conhecimento e inteligência andam juntos, mas saber se alguém é realmente inteligente requer um exame mais profundo. Uma pessoa inteligente também é esperta o suficiente para absorver a sabedoria dos outros, reconhecendo que eles mesmos não sabem de tudo. Ou seja, na prática isso quer dizer que você pode ser popular, talentoso e esperto, mas isso não significa, necessariamente, que tenha inteligência.

Sem contar que inteligência, se atrelada à sabedoria com base na maturidade e no aprendizado constante, indica limites – é o ponto em que começa e termina o caráter, intuição e integridade. Você já parou para pensar nas escolhas que você vê pessoas inteligentes fazendo?

Elas buscam os mentores certos, conhecimento e informações constantemente. Pessoas inteligentes ampliam o conhecimento para além do campo intelectual.

Em plena era digital, das mídias sociais e do acesso a praticamente à todo tipo de conteúdo via internet, pessoas inteligentes estão em vantagem ao aproveitarem para aprender, estudar, se preparar para o que está por vir. Isso porque uma constatação leva a outra. Quem é inteligente está aberto a novas ideias e opiniões diferentes das suas e busca construir relacionamentos sólidos baseados em trocas de experiências.

Além disso, pessoas inteligentes sabem o que falam e principalmente como falam, porque sabem que conflitos, confusões e desentendimentos vêm das nossas palavras e da maneira como nos comunicamos. A autoconsciência pode lhe dizer em quais relações investir e quais pessoas procurar para pedir conselhos.

Se essas pessoas estão almoçando com alguém que fala mal de outras, os inteligentes serão suficientemente intuitivos para saber que eles podem ser os próximos dessa lista, então eles vão embora. Quem é inteligente sabe disso e aproveita suas habilidades para escutar os outros e resolver problemas, construir laços de confiança e ganhar o coração e a cabeça dos demais, não para alimentar e dar força ao que consome energia e gera resultados negativos. Por fim, ser uma pessoa inteligente o fará automaticamente esperto o suficiente para saber onde e como focar sua energia e fazer a diferença.

Para alcançar isso, no mínimo, é preciso se propor a estar atento, acompanhar e mudar o que for preciso para buscar o crescimento contínuo. Considerando esse contexto, é um risco enorme para os empreendedores achar que alcançaram o que desejavam e que, a partir daí, tudo vai acontecer naturalmente. Resultados e perspectivas mudam, empresas quebram, fecham, e isso não acontece à toa. Afinal, nenhum resultado alcançado é perpétuo e isso significa que ou você continua a se movimentar, ou o seu negócio não terá longevidade.

Para continuar ganhando, você precisa surpreender sempre. Imagine só (fazendo analogia ao futebol) se o seu time entrar em campo sempre com a mesma escalação, com os mesmos titulares em todos os jogos. A única coisa que você vai conseguir é ajudar seus concorrentes ou adversários, principalmente por se tornar tão previsível. E, ao se tornar previsível, ao ponto de as outras empresas ou times já saberem como você "joga", é o início do fim.

Mesmo que você obtenha bons resultados nos negócios, busque a mudança constante para não estagnar e para não ficar "tudo bem" para sempre. Busque se reinventar, ir além. Busque a melhoria contínua, seja em relação às pessoas, aos produtos e serviços, seja em processos, gestão, modelos e até em diferencial competitivo. A melhor maneira de se manter no topo é inovando, surpreendendo, evitando que o comodismo impere.

COMECE RESOLVENDO PROBLEMAS, E NÃO OS INVENTANDO

Se tem algo que na vida é inevitável é o fato de que todos nós, em diferentes momentos e contextos, enfrentaremos problemas. A questão é: ou você se torna parte deles, ou se torna uma solução. Imagino de qual lado você, leitor, provavelmente prefere ficar.

Em geral, as pessoas fogem de problemas e esquecem que é a partir deles que podemos encontrar e enxergar novas possibilidades, soluções e oportunidades. O exercício é olhar para onde todos estão olhando, mas tentar enxergar o que ninguém está vendo, até porque aquele que segue a manada costuma se perder no meio dela. O perigo é deixar os obstáculos se transformarem em uma desculpa para não ir em frente. Por isso, seja um resolvedor de problemas.

Nunca se esqueça de que pessoas com formação acadêmica, experiência e visão diferentes olham um problema de maneiras diferentes. E três pontos básicos geralmente levam as pessoas a não se tornarem solucionadoras:

» Não enxergar o todo e/ou ignorar a complexidade do problema;
» Não estar atento aos detalhes escondidos, mas críticos;
» Não ser capaz de gerar soluções inovadoras.

Tudo na vida é uma questão de perspectiva. Em vez de pensar no que implica o problema, que tal focar as oportunidades que a situação, e não o problema, podem trazer para determinado momento? Vou dar um exemplo bem simples, mas que ajuda a ilustrar o que acabei de dizer sobre perspectiva. Quando acaba a energia elétrica, as crianças brincam de esconde-esconde, contam histórias e acham o máximo ver velas acesas. Os adultos, no entanto, reclamam porque têm responsabilidades para cumprir e porque dependem de energia elétrica para isso. A questão é que, mesmo reclamando, a energia não retorna de imediato, pois o retorno de seu funcionamento terá o próprio tempo em razão de ações que não dependem de quem ficou sem o serviço.

Independentemente do contexto existem dois caminhos: reclamar, ficar irritado e frustrado ou tentar analisar o que é possível fazer mesmo sem energia elétrica. Às vezes, nesse ínterim, você pode ser surpreendido com ideias diferentes que não teria tido se estivesse em pleno desenvolvimento da sua rotina. Você pode escolher entre ver apenas o problema e ver uma oportunidade que antes não existia, afinal, dificilmente alguém pensaria em apagar a luz para brincar. Na vida e no mundo dos negócios, as situações não são tão diferentes. O grande segredo é estar atento para perceber quando é o momento de parar de reclamar ou de se manter estático para buscar soluções que estejam ao seu alcance, na sua frente, e que só dependem de uma mudança de comportamento, que parta do problema, para se tornar um solucionador.

>>>> **Insatisfação e incômodo podem transformar vidas. Sim, é isso mesmo que você leu, você não entendeu errado. Nada melhor do que uma "boa insatisfação" acompanhada de certo incômodo para conquistar bons resultados. O motivo para tal afirmação é o fato de que aquele que está satisfeito e acomodado tem dificuldades para criar e inovar. Ser feliz não é se acomodar!**

Não é segredo para ninguém que boa parte dos negócios (leia-se praticamente todos) é criada para solucionar problemas específicos. Isso só se tornou realidade porque, em algum momento, seus fundadores passaram por uma situação em particular que os fizeram pensar em um determinado produto ou serviço que atenderia pessoas que já passaram ou estão passando pelo mesmo que eles.

Considero um privilégio poder compartilhar conteúdo e conhecimento sobre negócios digitais e mentalidade empreendedora, sendo

Uma empresa existe para ser herdada, perdida, vendida ou investida

que boa parte dos temas que trago à tona é fruto de observações e experiências que nem sempre são positivas. De fato, acredito que é preciso questionar e estar atento ao que acontece ao redor para extrair soluções e, principalmente, enxergar além do óbvio. Você pode passar por alguma experiência e apenas cruzar os braços e reclamar ou pode usar sua indignação para propor uma solução viável para que ninguém mais passe por aquilo.

Você está satisfeito com o rumo que sua vida tem tomado? É feliz com o que faz? A insatisfação, se usada da maneira correta, torna-se uma excelente ferramenta para transformar realidades. O comportamento das pessoas no ambiente do empreendedorismo e das startups sempre me chamou a atenção. Tenho percebido que precisamos de mais pessoas inconformadas, e questionadoras, que estejam dispostas a realmente fazer a diferença.

Precisamos de mais ecossistemas de startups (e não de egossistemas), de mais empreendedores no palco (e não de palco), de mais investidores investindo (e não que falam que investem), de mais resultados (e de menos métricas de vaidade), de mais experiências e *track record* (e de menos bagunça e teorias).

O que difere as pessoas é a capacidade de absorver a *informação*, transformar em *conhecimento* e a atitude de colocar em prática o aprendizado. Mas existe uma confusão no uso e na aplicação dessas palavras mágicas. Entendo que *informação* é o que está disponível em todos os lugares e canais. *Conhecimento* é a informação que é absorvida, aprendida e transformada em saber. E *execução* é o conhecimento colocado em prática.

E de qual lado você está hoje? Do grupo dos satisfeitos e acomodados ou dos insatisfeitos e incomodados? Lembre-se de que a diferença entre os espertos e os inteligentes é que os espertos saem de situações em que os inteligentes não entram. O que você prefere ser?

PARTE II

>>>>
NOVAS COMPETÊNCIAS

CAPÍTULO 4

Competência emocional

É muito importante aprender a controlar suas emoções e gerenciar os dias ruins. Nunca tome decisões no calor da emoção, respire, pense e espere alguns minutos. No momento de raiva, antes de falar, enviar um e-mail ou uma mensagem, pare por alguns segundos e pense novamente. Um pouco de paciência pode poupá-lo de arrependimentos. As palavras têm poder e são como flechas: uma vez lançadas não dá mais para segurar, só torcer para não acertar.

Veja no quadro quais são as principais competências, no âmbito pessoal e social que vão de encontro a busca pelo equilíbrio emocional e controle das emoções que influenciam diretamente nas ações e resultados de qualquer pessoa.

COMPETÊNCIA EMOCIONAL	
Competência pessoal	**Competência social**
Atitude	Servir
Otimismo	Liderar
Feeling	Ganhar
Superação	Competir
Conexão consigo mesmo	Conexão com o próximo

Competência emocional

Perceba que são os detalhes que podem fazer do dia um "dia ruim". Quando consideramos que temos um dia ruim, dizemos isso com base em fatos ou circunstâncias em que colocamos nossa atenção, superdimensionando sua importância. No entanto, não são mais do que detalhes. No momento em que entendermos que os eventos que devemos considerar importantes são outros, começaremos a diminuir a relevância dos infortúnios.

Com o intuito de ajudá-lo a administrar melhor suas emoções e a sensação de desgaste em dias ruins, reuni alguns pontos que podem ser aplicados em sua rotina:

» **Mesmo em dias ruins,** tenha em mente, com clareza, quais são suas prioridades. Há fatos e circunstâncias que merecem nossa atenção, e até mesmo a nossa preocupação. No entanto, há muitos outros que não a merecem e que, por conta da nossa fixação neles, acabam arruinando nosso dia e provocando um desequilíbrio emocional que pode impactar outras frentes, como por exemplo, um dia ruim no trabalho afetar de alguma forma seu relacionamento com a família;

» **Nunca se esqueça** de que quem condiciona seus pensamentos e seu foco é você mesmo. Isso significa dizer que, independentemente dos acontecimentos, você é capaz de mudar sua mentalidade: se todos os seus pensamentos são negativos e você fica desanimado, lembre-se dos momentos de sucesso, de realização e de vitória. Não permita se afundar em uma onda de sensações e pensamentos negativos;

» **Agradeça!** Por mais que a vida esteja ruim, nós sempre temos motivos para agradecer e preencher a mente com sentimento de gratidão. Agradeça por sua família, por seus amigos, pelo emprego que você tem, pela saúde de seu corpo como um todo, pela comida que tem à mesa diariamente;

» **Mude a postura corporal.** Quando estamos tristes e deprimidos, ficamos curvados, olhando para baixo, com os braços cruzados e posições fechadas. Há estudos sobre a forma de bem-estar por meio da postura.[14] Portanto, experimente ficar em pé, com as mãos nos

---

[14] ALBURQUERQUE, T. O que a má postura faz com o seu corpo e sua mente. **ESAFAZ**. Disponível em: https://portalesafaz.sefaz.pe.gov.br/midias/saude/1173-o-que-a-ma-postura-faz-com-o-seu-corpo-e-sua-mente. Acesso em: 1 mar. 2023.

quadris e olhando para cima, alongue-se, faça movimentos circulares com a cabeça. Fique assim por alguns minutos e sinta a diferença na maneira como vai encarar o mundo;
» **Leia.** Meu conselho é olhar para um livro que você nunca leu e, de preferência, sobre um tema ou assunto que você geralmente deixa para mais tarde. Livros de culinária, viagens, fotografia ou de piadas, por exemplo. Tire o foco do que atormenta você momentaneamente;
» **E talvez o item mais importante desta lista:** reveja seus objetivos. Metas muito altas e de longo prazo podem trazer desânimo e desalento. Portanto, reveja seus objetivos, defina prazos viáveis, para, então, alcançá-los.

Acredito ser unânime o fato de que qualquer pessoa busca sucesso em suas relações, sejam elas pessoais ou profissionais. Mas ter a atitude certa é crucial para esse fim. Na verdade, existem certos comportamentos que, se reiterados, podem afastar os demais do nosso convívio.

E, ainda assim, quando isso acontecer, aprenda a perdoar: rancor e raiva só prejudicam quem os sente. Outra opção também é ficar em silêncio ou se afastar por algum tempo da causa do atrito. Às vezes a melhor alternativa é sair do caminho, respirar fundo e deixar o tempo passar. Uma "indiferença saudável" faz toda a diferença para o seu dia a dia. Aliás, se está esperando por uma resposta, não a receber já é uma resposta.

E é fato também que nem todas as pessoas conseguem se autoavaliar, e isso significa dizer que podem, com frequência, cometer os mesmos erros ao repetir ações e comportamentos que afastam as pessoas à sua volta. A dica é se fazer, por exemplo, as seguintes perguntas:

» **Costumo levar tudo a ferro e fogo?** Aprender a relativizar as pequenas punhaladas no ego é aceitar que às vezes falta um pouco mais de flexibilidade de sua parte;
» **Costumo tentar saber de tudo que acontece com todos?** Cuidado, é impossível fazer isso e, além de causar uma frustração, as pessoas que convivem com você podem interpretar de uma outra maneira a sua vontade de centralizar as coisas;
» **Busco constantemente ser reconhecido?** É claro que receber elogios não faz mal a ninguém, pelo contrário. Mas, se você tiver a necessidade

de recebê-los com frequência, aí é preocupante. Note que, se sua autoestima depender da validação constante dos outros, ela se voltará contra você. Ser viciado em elogios também pode turvar relações;
- **Aceito pontos de vista diferentes dos meus?** Achar que você está sempre certo é um problema e tanto. Não perca a oportunidade de receber feedbacks reais de pessoas que realmente se importam e tentar, na medida do possível, encaixá-los em sua vida, se achar que faz sentido;
- **Como lido com críticas ou como as faço quando necessário?** Lembre-se de que ninguém gosta de ter as próprias falhas ressaltadas, mas de vez em quando vai bem que nos chamem a atenção para elas. Entretanto, não devemos confundir isso com a atitude daquelas pessoas que só enxergam o que está ruim, já que isso pode acabar sendo negativo para o crescimento pessoal;
- **Quão vítima eu sou?** Não tenha a menor dúvida de que, tanto na vida pessoal como na profissional, assumir papel de vítima para causar pena e receber a compaixão alheia dura pouco tempo. Então valorize-se e seja sincero consigo mesmo e com as pessoas à sua volta.

Em se tratando de controle emocional, vale dizer que em diferentes momentos da minha vida eu já falei sobre a importância de recebermos e darmos alguns nãos que, se feitos da maneira correta, podem mudar a vida de uma pessoa. Como assim "forma certa para negar algo a alguém"? Eu explico. Em alguns momentos, receber feedback positivo ou consentimento pode ser infinitamente mais prejudicial do que um não bem fundamentado e direcionado. Por exemplo, se você apresenta seu projeto em uma banca avaliadora e recebe um não, mas os mentores apontam novos caminhos e explicam o porquê do não, não tenha dúvida de que esse feedback poderá mudar o rumo das coisas.

Agradeça a todos os *nãos* que receber na vida. Acredite: eles são bem mais educadores que os *sins*. Por outro lado, se tiver que dar sim ou não a alguém, procure sempre dizer de maneira direta; "eu acho", "talvez", "vamos ver" não são respostas conclusivas. Quem apenas "acha" passa insegurança, pois nunca tem certeza de nada.

Apesar de ter falecido em 2011, Steve Jobs deixou, além de sua empresa – uma das marcas mais valiosas no mundo –, um legado inestimável no que diz respeito a suas ideias, crenças e práticas. Jobs entendia como poucos o valor de uma negativa e construiu sua trajetória alinhada com suas crenças. Ele acreditava que metade do que separa os empreendedores bem-sucedidos dos outros é pura perseverança. Ou seja, muita gente acaba desistindo quando recebe a primeira negativa ou enfrenta o primeiro grande problema.

E tem outra frase dele de que gosto muito que diz que "as pessoas acham que foco significa dizer sim para a coisa na qual você está concentrado. Significa dizer não para centenas de outras boas ideias que existem. Você precisa escolher com cuidado". E toda escolha requer sabedoria suficiente para dizer não na hora certa, inclusive. Percebe como de certo modo somos condicionados desde muito cedo a entender e assimilar um não sempre de maneira negativa? Mas não precisa ser assim.

Vejo pessoas se cobrando ao extremo em constante busca pelo emprego dos sonhos, pela criação da empresa referência, da família ideal... mas que não sabem enxergar o que está à sua frente, as possibilidades que estão ao alcance. Um dos mantras de Jobs é foco e simplicidade.

▶▶▶▶ **"Simples pode ser mais difícil de fazer do que complexo, você tem que trabalhar duro para clarear seu pensamento a fim de torná-lo simples. Ser demitido da Apple foi a melhor coisa que poderia ter acontecido comigo. O peso de ser bem-sucedido foi substituído pela leveza de ser um iniciante novamente. [Isso] me libertou para entrar em um dos períodos mais criativos da minha vida."**

A mensagem que eu gostaria de deixar aqui é que nem tudo é uma fatalidade e que às vezes é preciso olhar para dentro e reconectar para continuar construindo o que quer que seja. "Às vezes, a vida vai te acertar um tijolo na cabeça. Não perca a fé. Eu estou convencido de que a única coisa que me fez seguir em frente era que eu amava o que fazia. Não deixe o ruído das opiniões dos outros abafar a sua própria voz interior."

Você já se deu conta de que, atualmente, algumas pessoas se esforçam demasiadamente para tentar parecer "perfeitas", vendendo uma vida totalmente estruturada e uma carreira sem erros, mas que não se sustentam por muito tempo no mercado? Claro que isso acontece por motivos óbvios. Questione quem diz nunca ter errado, mas que evidencia apenas suas conquistas e virtudes. Na vida real, e no mercado (que

Competência emocional

é o verdadeiro juiz), cada vez menos haverá espaço para pessoas que adotam esse tipo de conduta.

Primeiro ponto para não cair em algumas armadilhas: você não vai agradar a todos e tudo bem por isso, mas precisa ser simpático mesmo assim e tentar ter empatia sempre. Costumo dizer que a modéstia é a vaidade escondida atrás da porta. Não acho errado ter vaidade; aliás, na dosagem certa ela nos eleva. Então cuidado com a autoconfiança; uma linha muito tênue a separa da arrogância.

Quem entende esses princípios básicos de conduta geralmente se torna aquela pessoa que consegue conquistar as outras com naturalidade e leveza, circular nos mais diversos ambientes e conversar bem, saber um monte de coisas e ajudar todo mundo espontaneamente, não esperando nada em troca. Pessoas assim se tornam de fato interessantes. E, consequentemente, são inspiração para aquelas que não são assim, mas que tentam construir uma imagem semelhante.

Caso realmente esteja interessado em ser bem-sucedido, seja você mesmo. Seja autêntico, mostre sua verdade e suas crenças. Não tente construir uma imagem que pode ser destruída a qualquer instante. Não finja estar interessado em algo ou alguém apenas para chamar atenção para si. Essa conduta poderá ser útil nas relações com pessoas bem distintas.

Aprenda coisas novas constantemente e esteja aberto ao novo, em todos os sentidos. As melhores propostas de negócios e/ou emprego se dão quando, do outro lado, quem está tratando com você enxerga além do que você aparenta ter ou ser. Ao reunir histórias para contar, recentes ou não, fica mais fácil mostrar o quanto você é uma pessoa que vive e fala com propriedade sobre variados assuntos, não porque ouviu alguém dizer ou leu em algum lugar. Quem precisa construir seu repertório é você com base em experiências e aprendizados reais.

E a melhor maneira de fazer tudo isso é descobrindo suas paixões. Essa talvez seja a dica mais voltada a cativar as pessoas ao seu redor. Quando a gente fala e faz o que ama, isso fica evidente para quem nos cerca e, com o passar do tempo, você acaba se tornando um verdadeiro especialista no assunto. Ao desenvolver um hábito recorrente, você encontra uma atividade prazerosa, além de ter um assunto para discutir com pessoas que tenham esse interesse em comum. Assim, você evita conversas batidas e gente sem conteúdo.

É esse conjunto – conhecimentos gerais, experiências e paixões – que faz de você uma pessoa única, e isso deve ser preservado e valorizado primeiramente por você. Não tente camuflar o que não gosta: se incomoda, trabalhe para mudar. Atitudes sinceras são benquistas e ser verdadeiro e real fará com que as pessoas se lembrem de você positivamente. Saber como compartilhar suas experiências é tão importante quanto tê-las.

COMPETÊNCIA EMPREENDEDORA

Procurar elevar o pensamento acima do problema, ver de fora da caixa por outras perspectivas, refletir, agir rapidamente perante a situação e tomar as atitudes mais assertivas são características ou competências que todo empreendedor precisa aprender a desenvolver. Se você está perdido, a dica é: *cola em quem sabe!*

Gosto de usar com frequência analogias e comparações que a meu ver ajudam os leitores a entender na prática alguns conceitos desenvolvidos por mim. Aqui, minha proposta para reflexão é de certa maneira uma "provocação". Se a sua vida fosse um aplicativo, ela estaria atualizada e em evidência? Ou seria um daqueles aplicativos "pouco úteis"?

A carreira, as habilidades, as competências e os negócios podem ser pensados como um aplicativo desses que usamos, mais ou menos de acordo com suas funcionalidades, em nossos celulares. Pensei nessa analogia porque, muitas vezes, as pessoas não se dão conta das próprias funcionalidades; ou de que é preciso, em diversos momentos, "corrigir os bugs" para avançar; ou até mesmo aprender a resolver um novo problema para o qual seu aplicativo original não havia sido programado.

COMPETÊNCIAS EMPREENDEDORAS:
» Resolvedor criativo;
» Antifrágil;
» Colaboração e cocriação;
» Modo aprendizado on;
» Adaptabilidade.

Competência emocional

Você saberia dizer quais são os seus diferenciais no mercado, por exemplo? Qual é a visão (avaliação) que as pessoas que convivem ou trabalham com você têm a seu respeito? Tudo isso é importante para que seu aplicativo se mantenha sempre atualizado.

Se você for um empreendedor, precisa estar ainda mais antenado para não perder nenhuma atualização importante que pode representar perda de espaço no mercado e até de clientes, que sempre estarão em busca de um aplicativo mais completo e robusto.

Se um empresário tem uma visão mais ampla, planejada, estruturada e estratégica e procura gerir uma empresa com mais cautela e previsibilidade, tendo como foco a gestão e o lucro, o empreendedor precisa enxergar as oportunidades que ninguém vê e realizar algumas atualizações antes dos demais aplicativos.

Assim, torna-se um realizador que desenvolve negócios (até sem CNPJ) aquele que não gosta da zona de conforto e que enfrenta qualquer desafio e barreira. Fazer do seu foco a colaboração e o compartilhamento, sabendo que o dinheiro é resultado do seu trabalho, é o primeiro passo para desenvolver um superaplicativo!

Com base nesse pensamento, um empresário empreendedor é, portanto, aquele que "tem pressa sem ser apressado", que aplica o arrojo e o crescimento com controle e que reúne as características de ambos. E é essencial que tenha em mente que, para encontrar esse equilíbrio, será preciso manter-se sempre atualizado e investir tempo e disposição em aprender novas habilidades e competências.

Afinal, em um mundo conectado e altamente competitivo, por que alguém deveria optar pelo seu aplicativo (leia-se você)?

EDUCANDO PARA EMPREENDER

Quem me acompanha sabe que uma das vertentes em que acredito muito e sobre a qual escrevo com frequência é a educação empreendedora para os filhos. Inclusive, para quem tiver interesse, tenho dois livros publicados – *Se vira, moleque!*[15] e *Educando filhos para empreender*,[16] além

---

[15] KEPLER, J. **Se vira, moleque!** São Paulo: Gente, 2020.
[16] KEPLER, J. **Educando filhos para empreender.** São Paulo: Literare Books International, 2012.

de diversos artigos publicados sobre o tema que podem ser facilmente encontrados com uma busca rápida na internet. Aproveito para falar sobre uma constatação minha que pode ajudar alguns pais a se encontrar e/ou formar a própria opinião a respeito desse assunto.

Constatei que é mais valioso ensinar aos seus filhos coisas que nunca ensinaram a você, em vez de dar coisas que nunca lhe deram, que ainda vai ao encontro da ideia de que é preciso criar filhos para o mundo em vez de querer mudar o mundo para eles. Se você superprotege e dá tudo o que seu filho quer, talvez ele nunca consiga resolver os próprios problemas. Aliás, proteger um filho adulto é o mesmo que deixá-lo dependente e despreparado para sempre. Pais inteligentes que pensam diferente formam líderes, e não herdeiros.

E por mais "polêmica" que essa sugestão possa parecer, se você ama mesmo seus filhos, pare de fazer tudo por eles! Valorize a criatividade, a resiliência e a persistência, ou seja, a responsabilidade. De vez em quando, algum pai me pergunta (considerando minhas experiências na educação empreendedora que apliquei em casa com os meus três filhos) até quando e como os filhos devem ser dependentes dos pais. É claro que – como você já pode imaginar – não existe uma única resposta para essa pergunta ou a opção certa; afinal, cada caso e casa são únicos e merecem uma análise mais aprofundada.

Mas, se tivesse que dar uma resposta rápida e bem objetiva em relação a isso, eu diria que uma das principais características que precisam ser desenvolvidas e estimuladas pelos pais desde muito cedo é a autoconfiança dos filhos. Isso quer dizer que, se o adolescente ou jovem se sente confiante o suficiente para tomar algumas decisões e ter algumas iniciativas, talvez ele já esteja preparado para ver a vida com os olhos de quem entende que enfrentará muitos desafios e que cada escolha acarretará uma consequência.

Não se trata de algo fácil para os pais, mas a negligência nesse sentido pode acarretar problemas mais graves no futuro. Ensinar como lidar com a vida é o grande desafio para qualquer um. Tenha certeza de que dar tudo que não teve ou tentar suprir ausências com trocas materiais é um caminho perigoso para ambos os lados. Casos de filhos cujas vontades sempre foram atendidas e que nunca precisaram lidar com a frustração são identificados facilmente em adultos que hoje estão "perdidos" na vida.

Competência emocional

Minha mensagem, portanto, é para os pais superprotetores: confie mais na capacidade de seus filhos, mas sem colocar neles expectativas ou cobrar deles resultados que *você* definiu ou julga ideal. Comece a dizer pequenos "nãos" e logo se sentirá mais confiante para definir novos e mais importantes limites nessa relação. Arrisco-me a dizer que nosso papel como pais nisso tudo é amparar nossos filhos diante de todos os desafios, mas deixando-os livres para escolher e, sobretudo, para lidar com as consequências dos caminhos que eles escolheram.

> **PARA SEU NEGÓCIO, AS HABILIDADES E AS COMPETÊNCIAS DEVEM SER PENSADAS COMO UM APLICATIVO:**
> » Está atualizado?
> » Tem novas funcionalidades?
> » Corrigiu bugs?
> » Qual a especialidade e o problema que resolve?
> » Quais os seus diferenciais?
> » Qual o review dos usuários?

AUTOCONHECIMENTO

Seus pensamentos e hábitos podem definir você. No geral, as pessoas decidem mostrar suas qualidades, suas conquistas e seus feitos; dificilmente expõem um momento ruim ou de fragilidade, sobretudo nas redes sociais, onde tudo parece ser perfeito, ou seja, mostra apenas um recorte da realidade. Mas o fato é que, para se tornar a pessoa que deseja ser, precisará "abrir a caixa de Pandora" e se deparar com o outro lado também. Você se conhece? Quais são seus defeitos, medos, dúvidas e incertezas? O autoconhecimento é um processo que identifica padrões de pensamento e hábitos pessoais. Aprender a identificar, a fazer reflexões e a meditar pode ajudar, e muito, a mudar o rumo da sua vida – em todos os sentidos.

Infelizmente, na vida e no mundo dos negócios, muita gente acaba "ligando o automático" e se esquece de pensar no que está fazendo e principalmente o que deseja a médio e longo prazo. Mas são os pensamentos, e sobretudo as ações que por consequência criam os hábitos, que definem quem você realmente é.

Não perca tempo tentando argumentar que os outros estão equivocados sobre algo ou sobre você. A única maneira de fazê-los mudar de opinião é com resultados. Aliás, você nunca será unanimidade, seja para o lado bom ou ruim, mas, se precisar argumentar, faça isso apenas com os interessados, pois com os amigos não precisa e com inimigos não adianta.

Tem uma frase de Frederick Matthias Alexander de que eu gosto muito; ela diz que "as pessoas não decidem seu futuro, elas decidem seus hábitos, e seus hábitos decidem seu futuro". Frederick é um ator australiano que desenvolveu uma técnica educacional que hoje é denominada técnica de Alexander, que se baseia na correção da postura. Acredito muito nisso, pois, é só a partir do momento em que você transforma seus pensamentos em ações e elas se tornam um hábito na sua vida que você alcançará o que deseja, porque passa a fazer parte da sua realidade e dia a dia.

A palavra japonesa Ikigai significa "razão de viver", "objeto de prazer para viver" ou "força motriz para viver". O que é interessante entender e destacar (e que fica claro no desenho), Ikigai é uma ferramenta de autoconhecimento capaz de alinhar propósitos, valores, expectativas e possibilidades reais. Além disso, segundo os japoneses, todos nós temos um Ikigai e descobrir qual é, requer uma profunda e, muitas vezes, extensa busca de si mesmo.

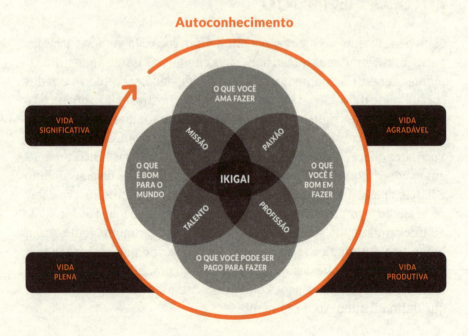

Competência emocional

Vejamos um exemplo prático do que estou dizendo: se você quer alcançar a independência financeira e uma aposentadoria mais tranquila, mas resolve, na prática, aproveitar todas as promoções da Black Friday e de passagens aéreas para viajar para diversos lugares, fazer compras parceladas de coisas que não necessariamente precisa e até do supermercado e do posto de gasolina, e não investir um centavo sequer em investimentos, você estará optando, mesmo que de maneira inconsciente, justamente por não conquistar a independência financeira. Afinal, todas as escolhas requerem, inevitavelmente, renúncias.

Então, o primeiro ponto para mudar qualquer realidade é desligar o piloto automático e passar a viver de maneira consciente. <u>Como você tem lidado com suas escolhas e seus pensamentos?</u>

Na pressa e correria do dia a dia, com a sobrecarga de informações e atividades, é comum, infelizmente, deixar a vida acontecer e se "esquecer" de reavaliar se o modo como você a está conduzindo está aproximando-o de suas metas e de seus objetivos de vida. Ou se, pelo contrário, o que existe na verdade é um desalinhamento, uma desconformidade entre seus propósitos de vida e suas ações diárias.

Você pode até não ter uma lista de objetivos futuros escritos no papel, mas precisa ter clareza se seus hábitos estão de fato conduzindo você à evolução ou à estagnação. Independentemente do estágio em que você esteja neste momento, o importante é criar e manter hábitos que façam você caminhar rumo ao que deseja. Não importa a velocidade dos seus passos, mas a sua caminhada precisa ser constante.

Você constrói pontes ou muros? A melhor maneira de receber é se doando. "Fazer o bem sem olhar a quem" é uma lógica que funciona sempre. Quanto mais você agrega na vida das outras pessoas, mais coisas boas vão agregando na sua. A partir do momento em que você entender essa construção como uma ponte, e não como um muro, se aproximará da verdade das pessoas.

Com toda certeza você já deve ter ouvido aquele velho ditado que diz que "quanto mais você dá, mais você recebe". Ou, então, "faça com os outros o que gostaria que fizessem com você". Todos eles se aplicam à nossa reflexão, e o que desejo mostrar aqui é que, se formos pensar de maneira bem direta e até mesmo fria, vamos perceber que fomos preparados a vida toda para fazer o contrário do que esses ditados ensinam.

INEVITÁVEL

Desde a fase escolar aprendemos a competir, a fazer o nosso e não nos preocuparmos com os outros.

O problema é que essa mentalidade do "cada um por si" já não cabe mais no mundo de hoje, principalmente no pós-pandemia. Já está mais do que evidente que vivemos em sociedade e que uma comunidade só se torna mais forte – ou mais vulnerável – de acordo com os seus integrantes e o que compartilham entre si. Sim, vivemos a era do compartilhamento de ideias, de produtos, de soluções e de informações para garantir que um objetivo em comum se realize.

Diante desse cenário, não é exagero dizer que, de certo modo, quando você contribui, você ganha créditos. Quando você prejudica alguém, você contrai débitos. Note que o equilíbrio é que deve somar nessa equação da vida, e que o mundo dá muitas voltas. Lembra-se dos ditados que citei? Leia-os mais uma vez.

Para construir pontes que unem, e não muros que afastam, aceite de bom grado o que lhe oferecem, seja uma ajuda ou uma boa conversa. Deixe o tempo agir, pois o que você tem feito para ajudar vai voltar para você (se você estiver aberto para receber). Detalhe: é claro que não precisa ser necessariamente por meio da pessoa que você ajudou tempos atrás, por exemplo. Por isso, não espere receber em troca o mesmo que você deu. Às vezes uma indicação ou uma porta que se abre vale infinitamente mais do que algo material que você tenha conquistado, por exemplo. Se alguém convidar você, vá em frente. Se alguém lhe indicar algo, vá atrás. Se alguém sugerir uma leitura para você, leia. Se alguém chamar você, escute. Se alguém der uma dica a você, vá atrás dela.

Talvez, a oportunidade que você tanto tem esperado esteja batendo à sua porta de uma maneira que você não conseguiu visualizar ainda. É normal que a gente comece a achar que já entendeu como tudo "funciona" e aí fique muito independente e às vezes até soberbo. Mas não tenha dúvida de que, em algum momento, a vida vai dar uma rasteira e mostrar que você não sabe nada ou que simplesmente não domina tudo como pensava. E é justamente nos momentos mais difíceis que é fundamental olhar para os lados e ver parceiros, amigos, e não muros construídos lá atrás por você mesmo e que impedem de enxergar o horizonte.

Seguindo essa mesma linha de raciocínio, a forma como você lida com as suas finanças está totalmente relacionada ao autoconhecimento

Competência emocional

da forma que apresentei até aqui. Quando você compreende que se trata do quanto você gasta, perde e investe, maiores as chances de alocar seus recursos e tempo em projetos e investimentos que lhe trarão os resultados que almeja e que, com clareza, já foram traçados – afinal, autoconhecimento é saber o que é importante para você e o que pretende obter em resultado das suas escolhas diretas.

Depois das despesas básicas, tente investir antes de gastar. Na minha jornada, gastei muito sem pensar. Mas, nos últimos dez anos, descobri que não se trata somente de quanto dinheiro você ganha, mas de quanto você perde, gasta e investe. Em minhas andanças, tenho conversado com muitos empresários e profissionais liberais e empreendedores que aparentemente progrediram de vida nos últimos anos, porém, infelizmente, muitos deles ainda não entenderam a regra básica de sobrevivência, que é gastar menos do que ganha.

O que quero alertar hoje é que tudo é uma questão de perspectiva e de padrão de vida. Muitos têm renda suficiente para se manter, se divertir e ainda poupar. Outros, pelo contrário, precisariam de uma renda quase duas vezes maior para levar uma vida com tudo aquilo que consideram importante ter, mostrar e fazer. Muitas vezes, algumas pessoas se apresentam de modo desproporcional à sua renda, simplesmente por sentir a necessidade de ser social ou profissionalmente igual ou melhor que seus pares. Entendo e tenho pensado muito sobre isso em relação aos empreendedores.

Certa vez, li um texto do autor e palestrante Tony Robbins que dizia que somos como uma "máquina de fazer dinheiro". Se você parar de trabalhar, a máquina e o fluxo de caixa também param, bem como sua renda. Mas a questão principal é: sua máquina *não* pode continuar trabalhando até que você tome a decisão financeira mais importante da sua vida; por isso, tenha em mente os seguintes questionamentos:

» Qual parte do que você ganha você vai usar para se manter?
» Quanto você vai reservar?
» Quanto você vai usar para pagar gastos extras?

Mesmo que seja variável, transforme tudo em percentual e tente seguir isso.

INEVITÁVEL

A ideia é simples e básica, passa por fazer um orçamento das despesas, avaliar o que é necessário mesmo e só gastar aquilo que for preciso. Agora, se as suas necessidades são maiores do que sua renda, é importante rever os seus gastos e analisar o que é possível cortar ou reduzir. O ideal é sempre gastar menos do que você ganha, mas existe uma segunda opção, que é tentar aumentar sua renda de alguma maneira, seja por meio de investimentos, seja buscando uma nova fonte de renda.

Lembre-se também que no mundo real, *show off* não é investimento! A questão *não* está relacionada a deixar de fazer todas as coisas que dão prazer só para economizar, mas deixar de fazer algumas que você faz só para "aparecer". O ideal é gastar menos e apenas o necessário. Por exemplo: por que morar em um lugar que não é compatível com o seu orçamento? Por que ter um carro cujo IPVA e seguro são caros e pesam no seu bolso? Por que usar roupa de marca se você pode usar um *fast fashion*?

Não adianta viver só para trabalhar e sei que não podemos abrir mão de todos os nossos pequenos prazeres, porém reitero: o importante não é quanto você ganha, mas como gastar seus recursos.

Uma boa notícia é que os valores estão mudando. A sociedade e o mercado têm dado muito mais valor ao capital intangível, o intelectual, do que em outras épocas. Coisas como colaboração, compartilhamento e reciprocidade são as moedas mais valiosas deste século. Se quer ou precisa aparecer, então economize seu suado dinheiro com bens materiais e *show off* de outra maneira.

Se você se identificou com minha visão sobre esse assunto, aproveite e comece agora a olhar a partir de novas perspectivas e a repensar suas despesas, pois o ser humano só tem valor intelectual pelo que ele sabe e, na área financeira, pelo que tem no caixa, e não pelo que ele aparenta ter.

ACOMODADOS *VERSUS* SATISFEITOS

ACOMODADOS E SATISFEITOS
A acomodação é uma limitação porque o condiciona
a apenas repetir e nunca a criar, inovar, refazer ou modificar.

Competência emocional

O perigo está em se tornar um satisfeito acomodado, então tome cuidado para não se tornar um deles. Você já se deu conta de que aquele que está muito satisfeito e acomodado tem dificuldades para criar e inovar? Mais do que isso, ser feliz não é se acomodar! Insatisfação e incômodo, no bom sentido, transformam vidas. Muitas pessoas acabam se iludindo ao achar que o sucesso de ontem é garantia de sucesso no futuro.

Entendo a zona de conforto como um conjunto de comportamentos que nos leva a ficar acomodados, mesmo em momentos difíceis ou em situações que exigem mudanças. E, por isso, não preciso dizer o quanto ela se torna perigosa. Mas esses comportamentos podem aparecer também quando tudo vai bem, causando a falsa sensação de que nada precisa mudar. E deixar tudo "como está" também é uma decisão que será cobrada mais tarde.

Quando isso acontece, quem está na zona de conforto geralmente se sente satisfeito com a rotina, aceitando as situações do jeito que se apresentam, desejando sua permanência por muito tempo. Cabe dizer, portanto, que zona de conforto nada mais é do que a falta de ação; é ter ou não consciência de onde você está sem que faça absolutamente nada para modificar sua atual situação.

Quem me acompanha sabe que eu não paro. Geralmente mesmo antes de finalizar um projeto já estou pensando ou trabalhando em outro. Entendo que assim, ao iniciar a busca pelo novo, torno constantemente possível mudar alguns aspectos da minha própria realidade ao enfrentar diferentes desafios e situações. Com isso, é possível ter maior autoconfiança, mais autoestima, desenvolvimento pessoal e profissional, entre outros benefícios significativos.

Mas isso se trata ainda de um processo, de autoconhecimento e de ações conscientes. De maneira geral, quando estamos acomodados, há uma justificativa. Passa a ser fundamental, portanto, perceber quais são os principais fatores que deixam você tão acomodado em sua zona de conforto.

Uma boa dica é perguntar a si mesmo o que está impedindo-o de mudar ou que aprisiona você no seu estilo de vida; mesmo que os resultados do momento agradem, não dá para ficar estagnado. Tente identificar os medos ou crenças que impedem você de evoluir, de experimentar novas oportunidades, de fazer as coisas de uma maneira diferente.

Nunca se esqueça de que a evolução precisa ser constante. Tudo muda a todo momento, então por que você permaneceria o mesmo com o passar do tempo? Toda a humanidade foi submetida a um processo de readequação de rotinas e novos formatos de trabalho, nunca foi tão urgente investir em formação e conhecimento, cada dia mais disponíveis a todos e em diferentes formatos.

Considero aprendiz aquele que ainda está aprendendo, que está estudando um ofício, profissão ou alguma outra atividade. Mas aqui vou focar seu sentido mais amplo, que se refere a quem está em um processo de formação contínuo e que faz do aprendizado uma rotina.

Seja um eterno aprendiz, engana-se aquele que pensa que já sabe tudo. Burro não é aquele que não sabe, e sim aquele que pensa que sabe ou que não quer aprender. A vida sem aprendizado contínuo e sem conhecimento é muito perigosa, porque obriga você a acreditar no que os outros falam. Então minha dica é: pense mais, escreva mais e estude mais.

Quando me refiro a conhecimento é no sentido mais amplo, e não somente em relação à carreira. Ou seja, é preciso dar a devida importância para o aprendizado de coisas novas e para a renovação de conhecimentos adquiridos; afinal, estar atualizado e sempre atento às rápidas mudanças é essencial no mundo hiperconectado em que vivemos. Engana-se quem pensa que os estudos devem ser encerrados quando você termina um ciclo, seja ele qual for.

Sem contar que exercitar o cérebro é também uma necessidade já comprovada e altamente difundida. Assim como qualquer outro órgão do corpo humano, para ficar em forma, o cérebro precisa se exercitar o tempo todo. E a melhor maneira de fazer isso é estudando e se desafiando a aprender coisas novas.[17]

E, se os argumentos que dei não foram suficientes para estimular você a aprender novas habilidades e ampliar seus conhecimentos, eu, como um eterno aprendiz que sou, vou apresentar outros motivos para fazê-lo. Motivos esses que aprendi a reconhecer e a valorizar ao longo da minha trajetória. Manter o cérebro ativo e aprender novas habilidades:

[17] TEODORO, M. A importância de desafiar o cérebro. **Supera**. Disponível em https://metodosupera.com.br/a-importancia-de-desafiar-o-cerebro/. Acesso em 1 mar. 2023.

Competência emocional

1. Potencializa suas habilidades profissionais;
2. Ajuda a identificar oportunidades;
3. Torna você uma pessoa mais ativa e menos ansiosa;
4. Desenvolve sua concentração;
5. Aumenta sua produtividade; afinal, terá mais conhecimento acumulado;
6. Deixa você mais aberto para receber feedbacks e transformar críticas em mais aprendizado;
7. Ajuda você a criar os próprios métodos e técnicas para ser ainda mais eficiente;
8. Deixa você mais organizado e ensina a estabelecer prioridades;
9. Ensina a identificar quando está cansado e, sabendo disso, a não desistir, mas a descansar para que seu cérebro aumente a capacidade de aprender novas habilidades.

PENSANDO ANDANDO E PRATICANDO APRENDENDO

Quem me acompanha nas redes sociais e segue meu trabalho sabe que eu digo e oriento a colocar em prática os aprendizados, de preferência enquanto aprende; ou seja, durante o período de aprendizado é importante testar como tudo funciona enquanto pode experimentar, errar, refazer e recomeçar.

Não vou entrar no mérito e na discussão acadêmica sobre a "teoria *versus* prática", até por simplesmente não acreditar que uma coisa não deve ser dissociada da outra, mesmo tendo críticas ao "método decoreba" com foco apenas no diploma, algo que ainda hoje vemos na educação brasileira.

O fato é, se você é treinado na prática para realizar determinada atividade, você vai conseguir fazer, mas precisa saber por que está fazendo, qual o conceito, qual a base disso; se não aprendeu isso, você estará apenas no automático, fazendo o que foi treinado. Entendeu? A verdadeira segurança em fazer bem-feito e com qualidade vem com o profundo conhecimento agregado à prática.

Em contrapartida, o mercado não espera muito o modelo: "aprender para depois fazer". Exatamente por isso, sou adepto do fazer enquanto aprende ou aprender enquanto faz. Isso, lógico, se a sua profissão e a lei permitirem.

Se quiser produzir, trabalhar ou empreender, coloque em prática o que está aprendendo na teoria; você vai ver que o seu diferencial competitivo será ampliado a curto prazo, além de, é claro, adquirir vivência no ramo e ritmo de jogo.

Apesar de toda a experiência prática que adquiri, de ter começado a trabalhar muito jovem, eu ainda me considero um eterno aprendiz. Sabe por quê? Porque tive que voltar a estudar e entender a base, a teoria e os conceitos sobre como se fazia cada coisa, e os porquês.

Simplesmente durante muito tempo da minha vida negligenciei isso, achei que somente a prática e o treinamento eram suficientes para vencer na vida. Não eram! Hoje compreendo que as duas vezes que me dei mal nos negócios ocorreram por conta dessa postura de deixar em segundo plano o aprendizado teórico e o planejamento.

Achava que sabia de tudo. Foi aí que comecei a entender Sócrates: "Só sei que nada sei". Ou seja, aquele que pensa que sabe tudo, na verdade, não sabe nada.

"A teoria na prática é outra coisa." Se experimentar esse ditado popular, convergir de maneira proporcional e inteligente esses dois pontos, o resultado será surpreendente!

Com certeza você será um profissional mais eficaz, assertivo e preparado para os desafios contemporâneos, acompanhado com menos custos e menor risco. Por conta desse entendimento, hoje sou uma pessoa que ouço mais do que falo, leio muito mais do que escrevo e aprendo mais do que ensino.

Esse é meu ponto de equilíbrio e os meus motivos para mostrar por que é importante *pensar andando e praticar aprendendo*.

CAPÍTULO 5

Atender, entender e identificar as dores

AS PESSOAS VÃO QUERER SE RELACIONAR E COMPRAR DE QUEM REPRESENTA ALGUMA COISA PARA ELAS.

Saber se comunicar sempre foi um diferencial para a pessoa que precisa lidar com o público, sejam clientes, consumidores de conteúdo, de publicidade, e assim por diante. Aqueles que já se deram conta de que postura, sintonia, objetividade e curiosidade são elementos essenciais para o um bom vendedor, com certeza já saíram na frente porque estão preparados para o novo mercado e, consequentemente, para o novo consumidor.

E atenção: todo mundo vende e o tempo todo! Muita gente ainda acha que as técnicas e desenvoltura são necessárias apenas para quem lida com a venda propriamente dita, mas não, vendemos ideias, a nossa imagem... E, em meio a tudo isso, uma coisa é certa: aprenda a se comunicar urgentemente. Quem fala bem vende muito mais.

Saber se comunicar é a chave para melhorar as vendas, independentemente de qual for. Não se trata de apenas ser bom de lábia, mas de saber o que falar e quando falar. A chave de um relacionamento bem-sucedido, seja na vida profissional ou em qualquer outra esfera da vida, é a boa comunicação. Sim, estou tratando aqui o termo de maneira mais abrangente mesmo. Quantas vezes, por falta de comunicação, as pessoas cometem os mais diversos erros?

Uma boa comunicação depende de diferentes fatores, entre os quais postura coerente e sintonia com o público. Com base nesse pensamento, vou apresentar a você algumas dicas básicas que podem ajudá-lo a desenvolver melhor sua comunicação e dominar diante dos desafios diários que precisa enfrentar em sua rotina:

» **Foco e atenção:** quando digo postura, estou me referindo, inclusive, a pequenos detalhes que fazem toda a diferença, por exemplo, um aperto de mão, um desvio de olhar. Tudo isso também é comunicação! E é esse tipo de detalhe que vai ajudar a transmitir confiança ou insegurança. Todos nós, inconscientemente, podemos reconhecer e interpretar esses sinais, e isso impacta diretamente na tomada de decisão.

» **Linguagem adequada:** assim como se preocupar com o tom que dará a uma conversa, podendo ser mais formal ou mais informal dependendo, obviamente, do contexto e do público, ter consciência de uma boa linguagem corporal é fundamental. Essa é uma questão tão importante que existem diversos cursos direcionados especificamente para esse tipo de treinamento que ensinam como se comunicar melhor por meio da linguagem corporal.

» **Conecte-se de verdade:** pessoas conversam o tempo todo, mas será que estão se comunicando de verdade? Embora essa pergunta pareça paradoxal, o fato é que, na maioria dos casos, falar não é sinônimo de se comunicar. E o grande detalhe aqui é que, se duas pessoas não estão em sintonia, dificilmente podem chegar à mesma conclusão. Não tem como se comunicar com o cliente sem entrar em sintonia com ele de verdade.

» **Empatia gera resultado:** por falar em conexão real e atenção, procure descobrir quais são as necessidades do cliente, entenda os seus problemas e elabore respostas assertivas, de acordo com a ocasião. Assim, sabendo como se comunicar bem com esse cliente especificamente, você conseguirá vender o que for com mais qualidade e assertividade, gerando, inclusive, recorrência.

Atender, entender e identificar as dores

» **Objetividade:** em tempos de excesso de informações e de fácil acesso a serviços e produtos, seja o mais objetivo, claro e sincero possível para mostrar o que você faz ou pretende fazer. Bons comunicadores não dão muitas voltas e sabem exatamente onde pretendem chegar com um diálogo.

Logo, como transformar informação em conhecimento? Diariamente, convivo e converso com muitas pessoas dos mais diferentes segmentos e formações acadêmicas. E não é exagero afirmar que a diferença entre as pessoas é basicamente a capacidade que elas têm de absorver a informação, de transformá-la em conhecimento e de colocar em prática tudo aquilo que foi aprendido.

Parece óbvio, mas não é! É fácil perceber as pessoas errando e confusas sobre as diferenças entre informação e conhecimento. Elas costumam usar os dois termos de maneira intercambiável, sem se dar conta das diferenças. Informação significa dados processados sobre alguém ou alguma coisa, enquanto o conhecimento refere-se a informações úteis obtidas por meio da aprendizagem e da experiência.

O termo "informação" é tido como dados estruturados, organizados e processados, apresentados dentro do contexto, o que o torna relevante e útil para a pessoa que o deseja. Dados significam fatos e números brutos relativos a pessoas, lugares ou qualquer outra coisa, que é expressa na forma de números, letras ou símbolos.[18]

E veja só como isso é importante. No mundo dos negócios existe o conceito de *business intelligence*[19] amplamente utilizado desde sua descoberta em meados de 1989 pelo Gartner Group – instituto de pesquisa e análise do setor de tecnologia da informação. Naquela época, o conceito foi adotado para classificar todas as iniciativas voltadas à inteligência de uma empresa.

Pouco vale ter dados e métricas se essas informações não forem aplicadas, se não houver o conhecimento de como usar a inteligência para gerar novos resultados. Mais do que isso, em um mercado altamente

---

[18] ZEFERINO, D. Dados, informação e conhecimento: qual a diferença dos conceitos? **Certifiquei**. Disponível em: https://www.certifiquei.com.br/dados-informacao-conhecimento/. Acesso em: 1 mar. 2023.

[19] Business Intelligence (BI), conceito e definição. **CETAX**. Disponível em https://cetax.com.br/business-intelligence-tudo-que-voce-precisa-saber/. Acesso em: 1 mar. 2023.

competitivo e com pouca margem para erros, coletar, armazenar, analisar e compartilhar as informações é a base para a gestão de qualquer negócio, independentemente do seu tamanho.

Assim, quando falamos sobre informações importantes que auxiliam na gestão de um negócio, estamos tratando de um trabalho baseado em dados que podem ser usados para entender concorrentes, fornecedores, produtos, clientes e potenciais clientes, por exemplo, e principalmente para auxiliar nas tomadas de decisões, tornando-as mais assertivas.

Ou seja, a informação por si só nada faz, mas o conhecimento aplicado e direcionado por dados é uma das ferramentas mais poderosas dos últimos tempos.

NEGÓCIO ESCALÁVEL

O que é um negócio escalável?

Por que algumas empresas crescem mais rápido do que outras? A resposta está dentro do conceito do que é um negócio escalável. Esse termo vem aparecendo ao longo deste livro, mas agora vamos nos aprofundar e aprender como criar escala e por que isso é necessário para os negócios na nova economia.

É *inevitável* o fato de que negócios criados e pensados para subir de nível precisar ser escaláveis. São organizações que conseguem crescer exponencialmente, com controle e com um *moat* (diferencial competitivo), sem comprometer e atropelar processos, sem inchar estrutura física

Atender, entender e identificar as dores

e sem aumentar os recursos proporcionalmente. É isso o que a Uber, a Netflix e o Spotify têm em comum. Mas não confunda *escala* (aquela que consegue expandir facilmente a quantidade de clientes) com *escalabilidade* (estratégia de sucesso das startups que querem se tornar as próximas empresas de grande porte). Essas duas palavras têm aplicações e conceitos distintos. Se você deseja crescer de maneira sólida e correta, precisa, em primeiro lugar, entender se seu modelo de negócio é escalável.

O que isso significa na prática, no dia a dia da sua empresa? Que escala nada mais é do que a capacidade de conseguir reproduzir em grandes quantidades, repetidamente, aquilo que dá ganho de escala e produtividade. E o mais importante nesse processo: não demanda recursos (dinheiro e/ou mão de obra) na mesma proporção para que esse processo seja possível.

É claro que criar esse mecanismo de modo a atender tais exigências não é uma das tarefas mais simples e é justamente por isso que tantas startups tentam, mas não conseguem. Porque é justamente quando o negócio começa a crescer que os problemas aumentam também, e aí, sim, proporcionalmente. No entanto, nem todos os negócios estão devidamente preparados para lidar com os novos desafios, ou seja, com as consequências diretas do crescimento. Sobretudo quando ele é muito rápido, o que acontece com frequência no mundo dos negócios na nova economia.

Definir a persona do negócio é um fator importante nessa construção para ganho de escala, mas nem sempre os empreendedores dão a devida atenção. É praticamente impossível alcançar novos públicos e mercados se não souber exatamente com quem deseja falar e como deve fazê-lo.

Por isso, se você já entendeu que precisa criar ou tornar sua empresa escalável, o passo seguinte é estudar a fundo o seu mercado e entender, como ninguém, o público para o qual sua solução foi criada, em um primeiro momento para atendê-lo e depois para se relacionar.

Camada de serviço escalável

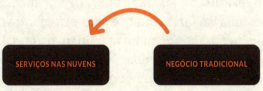

Acompanhe a seguir alguns exemplos de negócios escaláveis:

» Empresas que oferecem soluções tecnológicas capazes de atender um número crescente de clientes: iFood, 99, Gympass e QuintoAndar;
» Empresas de varejo digital que funcionam como marketplaces: Mercado Livre e Magazine Luiza;
» Bancos digitais com gama ampla de serviços financeiros e capacidade de atendimento e de distribuição: Inter, Nubank, BTG+ e C6 Bank;
» Empresas que atuam em mercados tradicionais, mas que aplicam camadas de serviços digitais, capazes de gerar volumes crescentes de vendas, sem aumento substancial de custos. Como o médico ortopedista Lohran Anguera Lima, especialista em coluna, que foi além do consultório médico e de suas cirurgias. Com base em sua experiência, ele verificou uma oportunidade além do óbvio, e desenvolveu um projeto chamado DR. DOR especializado em tirar a dor dos pacientes na hora, ou seja, uma pequena clinica que não é para consultas, mas para retirar a dor na hora de qualquer paciente.

Para crescer, escalar, é preciso conhecer o seu público, as características dos seus consumidores. Recentemente, abri um questionário nos meus stories do Instagram e muitas pessoas se demonstraram perdidas em relação à criação de sua persona. Confesso não ter ficado surpreso porque presencio quase que diariamente essa confusão e essas sequências de erros que os empreendedores cometem.

Então resolvi preparar um guia de perguntas que você pode fazer para ajudar a entender melhor os cenários possíveis na hora de definir a persona do seu negócio.

Com essas perguntas, você pode montar um formulário em alguma plataforma on-line e divulgar em grupos do seu nicho nas redes sociais ou colocar nas redes da sua empresa para que seu público responda. Quanto mais respostas obtiver, mais assertivos serão seus resultados e indicativos em relação ao que fazer na hora de tomar decisões.

Ter uma persona vai fazer com que seus esforços de marketing e o seu processo comercial sejam muito mais efetivos; afinal, a ideia sempre é fazer mais com menos! Lembra do conceito básico de escala?

Com esse intuito, trabalhe estes pontos de maneira aprofundada:

Atender, entender e identificar as dores

- » Perguntas demográficas: qual o sexo, idade, renda, onde mora;
- » Perguntas sobre hábitos de consumo: quais são seus critérios para tomada de decisão de compra, periodicidade, se consome de concorrentes, diretos e indiretos;
- » Perguntas sobre a sua solução: quais são as dores dessa persona, como seu produto pode ajudá-la, por que ela deveria escolher o seu negócio em vez de outros, quais são os seus diferenciais;
- » Perguntas sobre conteúdos: quais são suas principais fontes de informação, quais são suas redes sociais favoritas, que tipo de conteúdo mais consome entre textos, indicações e vídeos.

É claro que essas perguntas podem e devem se adaptar de acordo com a realidade do seu negócio e aonde pretende chegar. E é importante lembrar, ainda, que para criar uma empresa escalável vários outros fatores precisam ser considerados, independentemente do estágio em que ele está. Em um negócio escalável, você vai ter que gerir pessoas, criar cultura, lidar com clientes, com parceiros e fornecedores etc.

E uma das métricas mais importantes nesse processo de crescimento é o CAC, que nada mais é do que o custo de aquisição do cliente. Ele é calculado a partir de uma fórmula que mostra o valor médio do investimento para conquistar o consumidor, ou seja, quanto ele demandou da sua equipe para realizar a compra.

Logo, as empresas que alcançam esse patamar de operação fizeram por onde para desfrutá-lo. Lembre-se ainda de que toda e qualquer empresa nasce da mesma maneira (pequena) e precisa conquistar seus primeiros clientes e parceiros.

Então nada impede de você correr atrás e entender o processo para fazer parte desse seleto grupo de empresas escaláveis.

INOVAR É RESOLVER O PROBLEMA DOS OUTROS

Nesse mundo competitivo, somos o tempo todo direcionados para o resultado, eficiência e produtividade. Ainda temos que manter o equilíbrio e elevar a autoestima. A questão é: como conviver com as pessoas mesmo nesse ambiente de competitividade? Mais do que isso, para ser capaz de inovar em seu negócio, é preciso ter em mente que se relacionar é fundamental, mas que seus consumidores esperam que você resolva os problemas deles de maneira acessível, prática, segura e conveniente. É daí que nasce uma inovação.

Acredito que somente a prática é capaz de ensinar como qualquer coisa precisa ser feita. É claro que preciso destacar a importância da formação acadêmica, dos estudos e também da leitura, mas acredito que quem não aprende com base na teoria certamente vai aprender com as "porradas da vida". Mesmo que você absorva certo nível de aprendizado e domine o que foi escrito, ainda assim, reitero: somente a prática é capaz de mostrar para você como tudo funciona de verdade.

Nenhum livro, artigo ou entrevista consegue preparar alguém para lidar com os desafios diários em uma empresa. O que esse tipo de conteúdo faz é fornecer uma noção do que pode acontecer e como você provavelmente poderá se portar e agir perante as situações. Agora, como você vai reagir para resolver, os métodos ou ações que vai desenvolver, somente na prática é possível saber, analisando erros e acertos, além de resultados/métricas, claro.

Sabe aquele famoso ditado popular que diz que "a prática leva à perfeição"? Acredito que é realmente por aí. Talvez, em algum momento, você já tenha ouvido falar também sobre a regra das 10 mil horas. Ela propõe que é necessária essa quantidade total de horas para conseguir atingir um nível de maestria em uma habilidade, seja ela qual for.

O fato é que, a prática, por si só, vai proporcionar a você uma visão mais ampla de qualquer processo no qual esteja inserido, além, claro, de otimizar sua produtividade por já saber como fazer e quando, e o aperfeiçoamento de suas ações. Você sabia que o cerebelo elabora todo um sequenciamento de contrações musculares necessárias para a realização de uma ação/movimento? A elaboração dessas sequências é mediada por experiências vividas anteriormente, ou seja, essa estrutura tende a repetir padrões que deram certo e desfazer padrões falhos. Por isso desempenha importante papel na aprendizagem, realizando ajuste fino e informando ao córtex motor para correção de erros na ação motora.

Ou seja, pode-se considerar que, sim, a prática é a melhor maneira de aprender a fazer qualquer coisa. Não se trata apenas do tempo dedicado a uma atividade, como muitas vezes é interpretada erroneamente, mas sim de contextualizar a atividade, ou seja, ter um motivo/objetivo para fazê-la dedicando tempo de maneira focada.

A velocidade com que a humanidade vem presenciando grandes mudanças em diversos setores da vida é uma excelente oportunidade de colocar em prática ideias e soluções; afinal, o que não faltam são novos problemas que acabam surgindo decorrentes de tantas mudanças e acontecimentos. Se for o caso, aprenda fazendo, comece, dê o primeiro passo. Talvez, os maiores e mais bem-sucedidos CEOs não se sentissem totalmente prontos ou preparados para enfrentar seus desafios quando o fizeram. No entanto, tiveram coragem e disposição de dar o primeiro passo. Ações sempre terão como consequência movimento, nunca se esqueça.

Você já percebeu que muita gente fala sobre a necessidade de sair da zona de conforto, mas poucos mostram os caminhos que você vai ter que seguir após deixar de lado a sua sensação de segurança e tranquilidade? Definitivamente, não é uma tarefa fácil abrir mão do que dá conforto e, de certa maneira, previsibilidade, por isso tanta gente opta por permanecer onde está. Para ser sincero, eu não julgo. Acredito que cada um escolhe a vida que deseja, uns com mais riscos, intensidade e adrenalina, outros mais focados em preservar o que conseguiram, mesmo que isso lhes custe não viver o que realmente desejam ou querem experimentar de novo.

Entre a zona de conforto e a zona de crescimento existem outras duas etapas pelas quais qualquer pessoa passará, caso opte pelo crescimento: a zona do medo e a do aprendizado. Ou seja, para chegar ao sonhado "topo", você vai precisar queimar muitas milhas e certamente vai passar pelo medo e pelo aprendizado. Foi assim comigo, e acredite: não existem atalhos ou "jeito mais fácil" de fazer.

Toda jornada apresenta particularidades, desafios e recompensas. Mas uma coisa é certa: ninguém acumula conhecimento suficiente de imediato e isso implica, automaticamente, passar por todas as fases e percorrer o caminho escolhido para aprender com os erros, os acertos, as descobertas e as apostas.

As características de cada fase são:

» **Zona de conforto:** o indivíduo sente-se seguro e que tudo está sob controle;

- » **Zona do medo:** falta de autoconfiança, implorar por desculpas, é persistente, deixa-se afetar pela opinião dos outros;
- » **Zona de aprendizado:** lida com desafios e problemas, adquire novas habilidades, amplia sua zona de conforto;
- » **Zona de crescimento:** encontra um propósito, tem sonhos vivos, estabelece novas metas, conquista objetivos.

<u>Reitero: cada um é responsável por suas escolhas e motivações, o que não vale é jogar a culpa nos outros, sobretudo se o que o motiva a permanecer na zona de conforto for o medo ou a falta de ânimo para avançar</u>. Desde que você tenha consciência das suas escolhas e de suas consequências, ficar estagnado, avançar ou recuar só depende de você.

Muitas pessoas adotam uma série de comportamentos que as colocam em uma situação cômoda; assim, elas deixam de arriscar e de alcançar resultados extraordinários. Arrisco-me a dizer, no entanto, que sua vida realmente se transforma quando você decide sair da sua zona de conforto.

PERCEPÇÃO DO MERCADO
Qual a imagem e percepção que o mercado e as pessoas têm de você ou do seu negócio?

Cada vez mais, na atual economia, o marketing oferece às empresas mais oportunidades de acesso (a dita economia compartilhada). Entre as oportunidades, uma merece um destaque especial, afinal, qual marca/negócio não gostaria de desenvolver seus produtos e estratégicas com foco em uma comunidade engajada de seguidores? Isso mesmo, mais do que clientes e/ou consumidores de soluções que você ou sua empresa desenvolvem, ao fortalecer essa construção de uma comunidade que acompanha, divulga e defende sua marca, de maneira orgânica você passa, consequentemente, a atingir outros públicos.

Em pesquisa divulgada recentemente pela Associação de Marketing Promocional (Ampro)[20], fica claro como estar cada vez mais perto do seu

---

[20] AVELLAR, R. O papel fundamental da comunidade na construção das marcas. **Exame**. Disponível em: https://exame.com/colunistas/rapha-avellar/o-papel-fundamental-da-comunidade-na-construcao-das-marcas/. Acesso em: 1 mar. 2023.

Atender, entender e identificar as dores

público se tornou uma necessidade vital para os negócios. Segundo os dados, nos últimos três anos, as empresas investiram mais de 45 bilhões de reais em ações para ficarem cada vez mais próximas dos clientes. Mais do que isso. O motivo do alto investimento está na seguinte percepção: as marcas se distanciaram dos clientes quando decidiram focar esforços somente em vender produtos e se esqueceram de desenvolver um relacionamento com seu público-alvo.

E é justamente nesse sentido, de comunidade, que os vínculos são criados e propagados. Em um mundo cada dia mais digital é relativamente fácil fazer parte de diversas comunidades, mas se conectar verdadeiramente e sentir-se parte delas é o grande desafio, tanto no papel de consumidor como de criadores de conteúdos e de produtos.

Assim, incentivar e até mesmo proporcionar essa união dos clientes em prol de uma mobilização do bem tem como consequência a divulgação da sua marca e o aumento de vendas e negócios.

Mas, João como então criar uma comunidade e construir uma rede de defensores da minha marca? Vou compartilhar algumas dicas com você:

- » Clientes apaixonados não apenas são alimentados de bons produtos e entregas mas também precisam sentir orgulho e admirar os posicionamentos e história da marca;
- » Uma vez identificada essa comunidade, utilize esse canal para ampliar o relacionamento com as pessoas que estão dispostas a divulgar e defender seu negócio de maneira estratégica, no bom sentido. Quanto mais perto eles estiverem, maiores as chances de propagar os feitos de sua marca;
- » Seus valores e sua visão de mundo provavelmente são os mesmos das pessoas que se identificaram com sua marca e a defendem mundo afora. Então, explore essas afinidades e dê a elas conteúdos ricos e mais motivos para continuarem a seguir sua marca e suas ações;
- » Quando os princípios e a identidade da marca de uma empresa se conectam com os anseios dos clientes, é desenvolvida uma forma de acolhimento. E esse acolhimento gera a tão sonhada fidelidade, maior desejo de qualquer negócio;
- » Por fim, uma comunidade engajada e munida de motivações para propagar seus produtos/soluções é também uma base humanizada,

o que interfere diretamente na decisão de compra de outras pessoas. Desenvolver experiências únicas e exclusivas para esse público pode ser uma boa alternativa para aumentar o engajamento orgânico. Gamificações, clube de vantagens e envio de produtos antes do lançamento são alguns exemplos do que pode ser feito.

Empresas ou negócios precisam investir para construir sua comunidade, e ela pode ser de colaboradores, clientes, fornecedores, entre outros. Transformar clientes em *fãs* não é uma tarefa fácil, mas, se conseguir, sua marca só tem a ganhar.

Além disso, cumplicidade e fidelidade colaboram efetivamente para a construção da sua marca no mercado e para com os consumidores. O que as pessoas dizem sobre o seu negócio?

Toda a comunicação da empresa, por sua vez, precisa ser alinhada ao que acontece no mundo e ter coerência. Logo, fique atento às suas fontes de informação e com o que você compactua e compartilha. Os clientes estão de olho!

<u>Não é nenhuma novidade dizer o quanto é fundamental atentar às fontes de informação.</u> Esse cuidado tem se mostrado cada vez mais importante em razão da quantidade de fake news que circulam na internet.

O problema é que informações deturpadas podem influenciar o seu poder de decisão e isso em todas as esferas. Lembro com frequência para quem me acompanha que é preciso selecionar e escolher as pessoas que você segue, os canais e mídias que se provam isentos e imparciais, por exemplo. Isso porque, inevitavelmente, ao ouvir algo, isso entra na sua mente e pode induzir você, leitor, mesmo que inconscientemente, ao erro. Com quem você anda ou concorda diz muito sobre suas crenças e decisões.

>>>> **A minha dica é: leia muito, mas seja cuidadoso e tenha senso crítico em relação à fonte. Ouça podcasts de negócios, veja muitos vídeos de assuntos que não são da sua área, assista a palestras e adquira conhecimento complementar além da sua formação acadêmica. Mas atenção: você não ganha pelo que sabe, mas pelo que faz com o que sabe.**

Atender, entender e identificar as dores

Ou seja, saber absorver e utilizar as informações recebidas é outro ponto fundamental no processo de construção de referência. Assim como você precisa se preocupar com o que recebe e com quem acompanha no dia a dia, tenha o mesmo cuidado ao repassar alguma informação. As pessoas que a recebem podem parar de acreditar em você, consequentemente.

Então, a que devemos atentar para conseguir uma informação confiável? Nem toda informação publicada na internet é confiável. Isso era algo que todas as pessoas deveriam saber, embora algumas nem imaginem. Quando se faz uma pesquisa no Google, querer um resultado rápido é uma necessidade de se informar.

Em primeiro lugar, não acredite no primeiro resultado. <u>Pesquise, compare e revise.</u> Use a busca avançada do Google. Segundo ponto, veja quem divulgou a informação. Leia as credenciais do autor e sua reputação (visitar sua página no LinkedIn pode ser um bom indicativo de quem se trata). Terceiro, nunca se esqueça de verificar se o conteúdo por si só é bem produzido. Fake news, no geral, são mal redigidas, os textos não são originais e dificilmente têm um raciocínio lógico e/ou citam suas fontes de informação.

Diga-me com quem anda e quem você segue que eu lhe direi a imagem que tenho de você; por isso, nunca foi tão importante estar bem informado para saber como agir e tomar novas decisões no novo mundo que está em processo de construção. Para tal, esteja cercado de fontes confiáveis e pessoas coerentes.

PARTE III

>>>>
NÍVEIS DE CONSCIÊNCIA

CAPÍTULO 6

5 níveis de consciência em negócios na nova economia

Para cumprir o principal objetivo deste livro – ampliar a sua consciência –, elaborei a base que fundamenta tudo que discutimos até aqui.

Vamos partir do entendimento de que, conforme já falamos, é *inevitável* transformar a mentalidade para que, por meio da expansão da sua consciência, você transforme sua vida, seus negócios e suas ações futuras. Agora chegou o momento de entender o que precisa ser feito para efetivamente subir o seu nível de consciência e se adaptar definitivamente à nova economia.

Para avançarmos, entenda "consciência" como um sentimento (ou conhecimento) que permite ao ser humano vivenciar, experimentar e até mesmo compreender aspectos do seu mundo interior, de modo que a percepção o conduza a realizar suas ações com total domínio e discernimento. Vale ressaltar ainda que, por mais que essas motivações e decisões em um primeiro momento sejam individuais, esses indivíduos conscientes sabem também que as consequências de seus atos e escolhas refletem em desdobramentos que alcançam o coletivo, a sociedade. Justamente por isso é indispensável se tornar uma pessoa consciente em um mundo em plena transformação e reconstrução constante.

E para que você, leitor, possa aplicar os 5 níveis de consciência, o primeiro passo é conhecer os 6 pilares que norteiam e devem direcionar toda e qualquer ação de agora em diante: modelos, mentalidade, objetivo, investimento, prioridade e ponto crítico. Todos os 5 níveis de consciência passam por esses pontos; logo, à medida que seu nível de compreensão do mundo à sua volta aumenta, você se torna apto para provocar de maneira consciente a transformação necessária.

Entende agora por que é *inevitável* mudar quando se tem acesso a esse conhecimento? De modo aplicado, os resultados são surpreendentes e irreversíveis. Vejamos então com profundidade cada pilar estrutural.

Modelos

Um modelo é algo que representa um conjunto de definições e práticas que passam a ser seguidas. No mundo dos negócios, empresas e/ou pessoas que conseguem construir verdadeiros legados e marcas fortes e representativas criam, em geral, os próprios métodos e modelos.

Uma vez aplicados e com a obtenção de resultados satisfatórios e reconhecidos, passam a ser replicados por outros. Mas é indispensável compreender que, para que isso aconteça, o indivíduo precisa estar em um estágio mais avançado de consciência.

Exemplos: Netflix, iFood e Uber.

Mentalidade

Não à toa essa palavra esteve tão presente ao longo desta obra. Ao conseguir dominar os processos e atividades da sua mente, você é capaz de conduzir seus pensamentos e ações rumo ao seu objetivo traçado.

Do nível 1 que parte do que conhecemos como "normal", do que nos foi ensinado e repassado geração após geração, passa pela disponibilidade de se conhecer e perceber o que ninguém está vendo, fazer as próprias escolhas de maneira consciente e segura, até chegar ao nível 5, no qual todo esse processo estará incutido em você – o que, na prática, quer dizer que passará a agir de acordo com seu nível de maturidade e experimentação naturalmente. E o mais importante nesse processo será o seu novo *modus operandi* "normal".

Exemplos: quando a pessoa se torna capaz de ver soluções, em vez de apenas problemas. Quando, em meio a uma situação complexa e desafiadora, com controle das suas emoções e de sua mente, você passa a buscar soluções inovadoras e que funcionam para resolver da melhor maneira.

Objetivo

Ter algo em mente que se pretende alcançar, de forma clara e estruturada, deveria ser a meta de qualquer ser humano. Afinal, como parte da vida e dos ciclos que têm início, meio e fim, ao concluir um objetivo, o próximo precisa, no mínimo, já ter sido esboçado em sua mente.

Na velha economia, os negócios eram criados com um objetivo claro e simplista: dar lucro. Pessoas que ainda pensam e agem desse modo estão no nível de consciência 1.

Ao avançar para os próximos níveis, torna-se cada vez mais evidente quando se trata de desenhar e desenvolver seus objetivos, que as oportunidades giram em torno de identificar e resolver problemas com soluções inteligentes, inovadoras e que servem a um propósito maior: contribuir com a sociedade que vai compartilhar dos seus objetivos de maneira prática e útil. Percebe a mudança?

Quando seus objetivos seguem esse processo e sobem de níveis de consciência, o resultado, para os que alcançam o nível 5, é construção de verdadeiros legados que são maiores do que qualquer pessoa e/ou iniciativa.

Exemplos: Steve Jobs, que criou muito mais do que uma marca ou aparelhos eletrônicos. Henry Ford: fundador da Ford e criador do fordismo, um sistema na indústria automobilística com o objetivo de diminuir custos de produção e aumentar a produtividade. Com isso, ele mostrou ao mundo a relevância de trazermos soluções em vez de focarmos nos defeitos.

Investimento

No nível de consciência 1, as pessoas consideram apenas o capital tangível. Basicamente, isso significa que investem e apostam em bens relacionados à propriedade da empresa, que são concretos, podem ser tocados e visualizados no sentido literal. São então os imóveis, todos os tipos de máquinas, estoques lotados, ou seja, o capital físico e financeiro está totalmente atrelado.

Do nível 2 em diante, essa pessoa começa a entender e a perceber que existem outros tipos de investimento que precisam (e devem) ser considerados. Principalmente aqueles que são intangíveis e a longo prazo e que estão muito presentes na nova economia.

Ao se abrirem para essas oportunidades, os investidores que adotam nova mentalidade e postura passam a estruturar o seu futuro com base em tomadas de decisão conscientes. Isso porque os investidores passam a compreender que não existe nada mais rentável e satisfatório do que investir em negócios e nas pessoas que estão por trás deles.

Assim, seus investimentos deixam de ser imediatistas, turbulentos e inconstantes, para entrar em um patamar diferente, dos resultados expressivos que são consolidados a médio e longo prazo.

Exemplos: investimento em startups e em criptomoedas.

Prioridade

Perceba que todo e qualquer ser humano é movido, dia após dia, de acordo com suas prioridades. A partir do momento que você elege algo que deve passar na frente de outra coisa, essa preferência se torna seu guia. Logo, não é difícil pressupor o quanto você precisa, conscientemente, eleger o que é prioridade em seu negócio.

Nas empresas que nasceram na velha economia, no nível de consciência 1, os empresários focavam na estruturação, ou seja, bens tangíveis, equipes hierárquicas e liderança pouco acessíveis, interesses da empresa e não em detrimento das predileções dos consumidores e o objetivo era exclusivamente nas vendas (não em solucionar um problema). Esqueciam, assim, os demais itens, que são cruciais para qualquer negócio que deseja permanecer no mercado contemporâneo.

E aqui não me refiro apenas à digitalização das empresas mas também à necessidade de criar processos cada vez mais automatizados, eficientes e seguros. Além disso, é necessário valorizar o seu time e reconhecer o mérito de profissionais que dedicam boa parte de suas vidas para que a empresa alcance seus objetivos.

Assim, de maneira estruturada e consciente, todas as decisões dos líderes convergem para a perpetuação da sua marca, que leva ao legado que já mencionei.

Exemplos: Nubank, Magazine Luiza.

Ponto crítico

No último pilar que estrutura os 5 níveis de consciência, chegamos ao, como o próprio nome indica, ponto mais sensível dessa transformação consciente.

Independentemente de ser uma autoanálise ou de ser uma crítica recebida de um cliente ou consumidor, o fato é que nem todas as pessoas estão dispostas a refletir sobre suas escolhas e atitudes. E, na maioria das vezes, muito menos a mudá-las.

Então, logo no nível 1 nos deparamos com a vulnerabilidade. Pessoas que estão nesse estágio estão propensas a tomar decisões que vão impactar diretamente a continuidade dos demais ciclos e níveis.

Quando direcionadas de maneira certa, alcançam o nível 2 e compreendem a necessidade, por exemplo, de se diferenciarem, com autenticidade e até mesmo utilizando a superação de seus erros e fraquezas que ficaram no nível 1.

Ao subir de níveis e chegar ao 5, o empreendedor alcança o tão sonhado equilíbrio. Isso porque ele passa, naturalmente, a encarar os ciclos da vida e da sua empresa de maneira consciente, processual. E isso significa que, mesmo quando ocorre um problema ou algo inesperado, ele está pronto para lidar de modo seguro e adaptável; afinal, sabe que mudanças fazem parte do processo e que as fases precisam ser superadas, uma a uma, para que o nível de consciência 5 prevaleça.

Exemplos: Cirque du Soleil, que reinventou o jeito de fazer circo, um setor em decadência. E a Apple, cujo diferencial competitivo, desde o primeiro produto lançado pela empresa, se deu na combinação dos seus gênios com o foco na satisfação do cliente. É claro que a empresa oferece produtos de qualidade e design superior, mas se não fosse seu foco primário no cliente, na surpresa e funcionalidade de tudo que idealizam, o sucesso alcançado desde 2007 não seria possível.

E para que não reste mais nenhuma dúvida e para que você, leitor, consiga visualizar como cada estágio de consciência se dá e suas respectivas características, elaborei um quadro que reúne resumidamente tudo que apresentei neste capítulo e que fundamenta esta obra toda.

5 níveis de consciência em negócios na nova economia

	Nível de consciência 1	Nível de consciência 2	Nível de consciência 3	Nível de consciência 4	Nível de consciência 5
Modelos	Vender, alugar e prestar serviços	Streaming, download, plataformas, assinaturas, token	Escala e expansão	Conhecimento sustentável e exponencialidade	Estabilização
Mentalidade	Padrão óbvio normal	Além do óbvio e enxergar o que ninguém está conseguindo ver	Ir contra a manada, fazer mais com menos, se adaptar e entender o futuro	Ser essencial para a persona e para o mercado	Evolução orgânica das coisas
Objetivo	Necessidade e lucro	Aproveitar as oportunidades e resolver problemas	Ganhar e fazer parte da solução em vez do problema	Aprender, ganhar, servir e compartilhar (nesta ordem!)	Deixar um legado
Investimento	Capital tangível	Capital intangível	CAC e ROI	LTV e CAC	Estruturação
Prioridade	Estrutura e vendas	Automatização	Talentos	Organização e processos	Perpetuidade
Ponto crítico	Vulnerabilidade	Diferencial competitivo (*moat*)	*Burn rate* e *run away*	A tendência é um ciclo que acaba	Equilíbrio

Perceba que, à medida que o nível de consciência sobe, os pilares se entrelaçam de maneira complementar. E como a complexidade também aumenta, para chegar e manter-se no nível 5 é preciso investir tempo, dedicação e aplicar o conhecimento adquirido no dia a dia. Embora desafiador, é um processo transformador e muito satisfatório. Além de, claro, *inevitável*.

> **AUTORIDADE, EXEMPLO E REFERÊNCIA**
> Quem lidera deve se tornar autoridade, exemplo
> e referência nos assuntos e em seu segmento.

À medida que você sobe de nível, é *inevitável* que você se torne uma autoridade em seu nicho de atuação; logo, uma referência, um exemplo a ser seguido. Nesse sentido, de consciência desse lugar de pertencimento e alcance, é preciso ter ainda mais cuidado com as pessoas à sua volta.

Na atualidade, infelizmente não faltam relatos de pessoas e de empresas que já sofreram as consequências da falta de humanidade que algumas pessoas parecem ter e que tem feito do mundo digital um ambiente hostil.

Saber comentar e compartilhar nas redes sociais, por exemplo, mostra reciprocidade e é uma habilidade indispensável para ser bem-sucedido no mundo digital. Se os seus comentários e interações não forem correspondidos, não cobre por atenção. Aliás, evite sempre pedir favores, mas, se for pedir, tenha em mente o seguinte:

» Se pedir uma vez e não for atendido, esqueça por um tempo;
» Duas vezes pode ser uma lembrança, mas já mostra insistência;
» A terceira vez já é humilhação. Mas, acredite, só é lembrado quem é visto.

Cada vez mais, consumidores buscam por um relacionamento mais humanizado com as marcas, querem se identificar e compartilhar seus valores. Com o advento e a popularidade das redes sociais isso se tornou um caminho sem volta.

Mas, ao mesmo tempo, parte desses consumidores não respeita uma opinião diferente da sua ou julga, condena e discrimina outros usuários.

Nesse contexto, duas palavras são fundamentais: reciprocidade e empatia. Lembre-se de que aquela relação de mão única do passado não é mais aceita. Agora todos desejam e podem falar, serem ouvidos, opinar e optar com total liberdade e munidos de informações.

O período em que muitas pessoas estiveram isoladas em suas casas e utilizaram as redes sociais para se sentirem conectadas, atualizadas e se entreterem também colaborou para uma maior atenção em relação ao comportamento humanizado, a necessidade de contato humano.

O ideal seria que as pessoas tratassem as outras como gostariam de ser tratadas. Mas sabemos que nem sempre isso acontece. Então, o desafio é enxergar de maneira definitiva que esses canais de comunicação, como as redes sociais, oferecem a possibilidade de interação e troca de experiências, conhecimento, e isso tem um valor inestimável!

Em uma época em que os cancelamentos nas redes e manifestações gigantes têm tomado cada vez mais espaço, é necessário aprender a se comunicar, a opinar sem ofender e sem agredir, a respeitar quem quer que esteja do outro lado do computador ou do celular.

Nas redes sociais, todos buscam serem autênticos, mas poucos estão dispostos a pagar o preço pela aceitação das diferenças.

PENSE DENTRO DA CAIXA

Você se considera uma pessoa atenta? Sabe observar e identificar detalhes que, mesmo que logo de cara pareçam "pequenos", fazem toda a diferença e podem, inclusive, determinar o sucesso ou fracasso de um negócio?

Nos negócios não existem certezas, e sim planejamento, ação, reação, controle e resultados. Se você não entender profundamente os detalhes do seu negócio, você pode falhar. Prestar atenção em pequenos processos diários faz toda diferença. A verdade é que não existe fórmula para o sucesso, mas há pequenos passos a serem seguidos.

Às vezes, as empresas se preocupam tanto em agradar o cliente com mimos que acabam investindo uma parcela significativa de seu orçamento nisso. No entanto, se esquecem de que, na verdade, outras preocupações deveriam estar no top da lista de prioridades que representam os motivos pelo qual uma empresa continua vendendo, atraindo consumidores e consequentemente crescendo. Por exemplo, oferecer a melhor experiência possível em relação ao serviço prestado, a qualidade do produto, a comunicação e o relacionamento do consumidor com a empresa, a confiabilidade em si etc.

INEVITÁVEL

Um atendimento exemplar que cumpra, no mínimo, com o que foi acordado é o básico para construir uma relação de confiança e é feito, sobretudo, de detalhes. Atenção, disponibilidade, resolução e praticidade são os detalhes que, juntos, colaboram para que empresas alcancem o sucesso almejado.

No desenvolvimento da rotina e para evitar o máximo possível as falhas, é preciso considerar e gerir desempenho, estratégia, cultura, estrutura, liderança, talento, inovação, parceria, entre outros conceitos-chaves que merecem atenção e devem estar presentes na rotina do seu trabalho para que os negócios deem certo.

<u>Lembre-se ainda de que não existe sucesso definitivo, ou seja, é necessário trabalhar o tempo todo para não perder o objetivo de vista e até mesmo trocar o foco sem perceber.</u> Uma dica importante em relação a isso: se você tem boa vontade, mas não tem o conhecimento completo do negócio, convide alguém que possa complementar suas habilidades, como recorrer a ajuda ou a uma mentoria. Esse é o maior sinal do quanto você está disposto a fazer o negócio dar certo!

Por isso, tome decisões com base em resultados e métricas e nunca confunda faturamento com lucro. Se conquistar clientes não é uma das tarefas mais fáceis, não tenha dúvida de que reconquistar e fidelizar clientes antigos é ainda mais desafiador. Prestar atenção em todos os detalhes é essencial para que isso não seja necessário.

>>>> **Aprenda a fazer bem-feito o essencial. Você já se deu conta de que boa parte das empresas se propõem a fazer mil e uma coisas? Elas buscam novas tecnologias e soluções para atender o seu público, investem nisso e naquilo, mas se esquecem do principal: fazer bem-feito aquilo a que se propuseram.**

Não falhar no que é essencial é um excelente começo. Fazer a coisa certa, geralmente a coisa mais simples a fazer, pode ser o mais difícil. Não queira ser inquebrável ou infalível, procure ser antifrágil para sair mais fortalecido de qualquer situação, inclusive do caos. Existe o frágil, o robusto e o antifrágil. Quando o frágil sofre um impacto externo, ele se quebra. O robusto resiste a esses impactos.

O antifrágil, por sua vez, além de resistir ao externo, melhora quando sofre esse impacto.

Ainda no mundo dos negócios, não é possível inovar sem que o básico esteja funcionando bem. Em um mercado desafiador como o nosso, cheio de incertezas, cuidar do básico é fundamental para evitar erros que possam, inclusive, comprometer o futuro da empresa. A lógica também é bem simples. Alguém que é incapaz de ter boa performance em tarefas básicas pode ser bom em atividades mais complexas?

Por mais que tenhamos vivido mudanças significativas no mercado nos últimos anos, uma coisa não mudou: clientes ainda querem se sentir especiais e têm demandado mais do que nunca um componente absolutamente essencial e que, por mais incrível que pareça, foi esquecido ou ainda tem sido absolutamente negligenciado por muita gente e tantas empresas que teimam em desrespeitar seus clientes e entendê-los apenas como números. Sabe como se chama esse componente? Atenção!

Fazer o básico bem-feito é:

- Buscar entender os desejos e anseios dos clientes;
- Entregar o que prometeu e, se possível, surpreendê-lo positivamente: entregar antes do prazo, fazer um pouco mais do que foi contratado para fazer, oferecer um brinde, por exemplo;
- Demonstrar atitude proativa, principalmente se houver algum problema ou insatisfação por parte do cliente;
- Fazer de uma reclamação uma oportunidade para se aproximar e se relacionar com quem consome o que você faz;
- Investir de maneira contínua no desenvolvimento para se tornar uma empresa que sabe e vive seu propósito;
- Estudar e entender profundamente o mercado em que atua, os produtos e serviços que vende, as ofertas dos concorrentes, as principais tendências em seu mercado e, acima de tudo, os anseios, expectativas e sonhos dos clientes, incluindo as necessidades que nem sequer foram identificadas por eles. E, para que isso aconteça, ouça seus clientes com empatia e com o coração, alma e mente 100% focados em melhorias contínuas.

INEVITÁVEL

OUÇA AS PESSOAS
Clientes, colaboradores, mentores e mercado.

Pessoas inteligentes têm dúvidas. Quem fala que sabe de tudo geralmente não sabe de nada, e quem mostra ou ostenta que tem não deve ter tanto assim. Basta perceber que as pessoas inteligentes estão cheias de dúvidas, ávidas por mais conhecimento e novas conquistas. Já as outras estão cheias de certezas e acham que já sabem e que têm pleno domínio das coisas.

Se você acredita mesmo que sabe tudo e que tem tudo, exatamente por isso vai ser muito difícil se abrir e conseguir aprender e conquistar coisas novas. Volto a dizer: na vida real, o ser humano só tem valor pelo que sabe, e não pelo que ele diz saber; na riqueza, pelo que tem no caixa, e não pelo que diz ter.

Além disso, você já se deu conta de que a ignorância nunca se torna consciente da sua própria incompetência? Ela é arrogante, acredita que é especialista e superestimou suas habilidades com orgulho reluzente: ela assume que sabe tudo.

Pessoas inteligentes, por sua vez, questionam mais, e em alguns momentos se sentem até inseguras e carregam um olhar mais humilde, capaz de entender que neste mundo nada é garantido, muito pelo contrário. Pessoas mudam, situações mudam a todo momento, e saber disso é o princípio para não deixar a soberba tomar conta.

Um documentário produzido pela BBC intitulado *The Problem With Smart People* [O problema das pessoas inteligentes, em tradução livre] apontou algumas constatações que merecem ser analisadas com base em propostas para reflexões ricas:

» Se a mediocridade é aquela que alcança o sucesso em nossa sociedade, é porque confia plenamente em seu conhecimento limitado e sabe "vendê-lo";
» O ignorante é um guru quando se trata de ser notado;
» No mundo moderno dos negócios, todos nós, de certa maneira, somos obrigados a ser promotores de nós mesmos, e, na verdade, temos apenas que fazer um pequeno tour pelos currículos

> do LinkedIn para ver em quantos perfis aparecem "sou especialista em...";
» As pessoas mais inteligentes nem sequer se sentem confortáveis falando de si mesmas. Às vezes, elas não se percebem como especialistas, não têm a firme determinação dos ignorantes e se concentram mais no que ainda não sabem do que naquilo que já dominam com ampla habilidade.

Feito é melhor do que perfeito. Com toda certeza, em algum momento da sua vida, você já escutou essa afirmação. E, sim, concordo com isso, mas com uma ressalva: se for feito com prudência. Eu explico que, apesar de priorizar a execução no começo, as melhorias precisam ser pensadas de modo a tentar alcançar a perfeição (ou algo próximo a isso) assim que possível. Sendo assim, não basta apenas ouvir os clientes e se afobar para executar, é preciso prudência.

Essa frase tão popular baseia-se na afirmação do general americano George Patton, que durante a Segunda Guerra Mundial disse que "um bom plano executado rigorosamente agora é melhor que um plano perfeito executado na próxima semana". E não é à toa que a ideia central ainda hoje faz sentido. Perceba que muitos de nós tendemos a adiar, pensar exageradamente, buscar a perfeição.

O fato é que na maior parte das vezes isso é só insegurança. No mundo atual dos negócios – impulsionados pelo mundo digital, em que um dia corresponde a um mês –, adiar muitas vezes não é uma opção. O que temos visto, principalmente com as novas empresas estreantes, é que a busca pela perfeição deve ser uma construção diária, e não uma finalidade como muitos ainda acreditam. Erros? Eles vão acontecer, e uma boa receita é sempre admitir onde falhou, voltar, corrigir e seguir em frente.

<u>Mas atenção:</u> é claro que isso não é uma desculpa para não ter atenção total na execução, na avaliação e nos ajustes das ações. Mas sim um incentivo para realização, não só idealização. Principalmente no mercado de startups e empreendedorismo, o perfeccionismo pode ser um entrave para o avanço dos negócios. Se uma solução pode ser oferecida e testada, não espere a versão final para fazê-lo, isso pode significar perda de oportunidades e até mesmo de mercado, dependendo do segmento de atuação.

Na vida real, o ser humano só tem **valor pelo que sabe,** e não pelo que ele diz saber; na riqueza, pelo que tem no caixa, e não pelo que diz ter.

Entenda que o feito sempre será melhor que o não feito. Não permita que o medo de falhar ou que o medo do julgamento impeça você de dar o primeiro passo e continuar avançando. O feito é melhor que o planejado e não executado, e, realmente, uma ideia não colocada em prática nunca será melhor que uma atitude, uma ação palpável e ao menos iniciada.

Perceba ainda que se torna infinitamente mais fácil corrigir ou aperfeiçoar o que já está rodando, em teste, em uso, do que tentar chegar a um resultado incrível final sem sequer um feedback real.

Por fim, o próprio conceito de perfeição – que caracteriza uma idealização que reúne todas as qualidades, que não apresenta nenhum defeito e que designa uma circunstância que não possa ser melhorada – é praticamente impossível de ser alcançado. Afinal, convenhamos, sempre haverá novas oportunidades, avanços e melhorias a serem feitas. Então não foque a perfeição, mas a realização.

MANTENHA-SE EM EVOLUÇÃO CONSTANTE

Cuidado com o seu nível de certezas! Poucas frases são tão expressivas e conseguem passar uma mensagem tão clara quanto "só sei que nada sei". Sócrates, autor da frase, era filho de um escultor e de uma parteira, humilde por natureza e de uma sabedoria ímpar. Foi considerado pelo Oráculo de Delfos "o homem mais sábio entre todos", tamanha dimensão da filosofia de Sócrates (tanto que, mesmo após sua morte, ele segue sendo um dos mais famosos filósofos da história).

E olha que interessante: sabe como Sócrates mudou a história do pensamento da humanidade? Foi a partir da dúvida e do olhar direcionado para o interior do ser humano que ele provocou uma revolução na filosofia. Mais interessante ainda é o fato de que foi justamente essa afirmação relacionada ao Oráculo de Delfos, de que ele era um sábio, que o deixou intrigado, pois a única certeza que tinha era a de que muito pouco sabia. Daí da sua famosa afirmação "só sei que nada sei".

Qual a moral da história? A certeza faz de você um ignorante; a simplicidade sem autoconhecimento o deprecia; a riqueza sem caridade o faz avarento; a empatia sem compaixão o faz dissimulado; a influência sem "semancol" o deixa metido; o trabalho sem tempo determinado o faz escravo; a autoridade sem respeito o faz tirano.

INEVITÁVEL

Infelizmente, não é difícil encontrar pessoas que acreditam serem donas da razão. Sem dúvida, ao ler este trecho algumas pessoas devem ter surgido em sua mente. Ou até mesmo se você, leitor, acha que sempre está com a razão e tem certeza absoluta de tudo e em relação a tudo que faz, cuidado, talvez esteja na hora de você refletir um pouco mais sobre suas crenças e condutas.

A importância de cuidar de nossa imagem pessoal está no fato de que ela tem o poder de transmitir credibilidade e confiança às pessoas que nos rodeiam. E claro que, quando me refiro à imagem, não estou falando apenas de aparência física ou de cuidado com a forma de se vestir, mas também de jeito de ser, ou seja, comportamentos, atitudes, ações, hábitos, postura ética, conhecimentos, habilidades e competências (que demonstramos ter), entre diversos outros pontos, essenciais no processo de construção de imagem.

Nunca se esqueça, principalmente se considerarmos o cenário atual, de que somos observados o tempo todo. Quando nos damos conta disso, passamos a cuidar cada vez mais e melhor de nós mesmos, tratando-nos como verdadeiras vitrines. Da mesma maneira que você pode passar uma imagem positiva, cuidado para não ser visto como uma pessoa prepotente, cheia de certezas e dona da verdade.

O fato de Sócrates, um filósofo brilhante, ter tido a humildade de reconhecer que não conhecia tudo e que estava em um processo de aprendizado e evolução constantes diz muito sobre autoconhecimento e sobre autopercepção diante da imensidão da vida. Achar que sabe tudo ou que não precisa aprender ou mudar nada diz muito sobre você, suas escolhas e principalmente sobre o seu futuro.

Vou me apropriar de mais uma analogia: a vida é como um jogo de xadrez, às vezes temos que olhar por outras perspectivas, para nos mover com outras opções e em outras direções. Cada vez que colocamos a culpa nos outros, buscamos a nossa zona de conforto. Devemos tomar a responsabilidade, aprender com os erros (nossos e dos outros) e crescer, continuar evoluindo. Não há necessidade de você cometer erros que poderiam ser evitados, se observar, verificar e estudar os erros alheios. O que não nos falta é livros, cursos e outros tipos de conteúdo que oferecem ensinamentos diversos e histórias de pessoas com trajetórias inspiradoras.

E quando uma história ruim se repete é porque a pessoa ainda não aprendeu devidamente a lição. O mais assustador é que tem gente que nem sequer se dá conta disso e vive um eterno looping, permanece estagnado no mesmo lugar e, consequentemente, repetindo os mesmos erros. As pessoas bem-sucedidas e que se destacam têm em comum a capacidade de olhar o jogo como um todo e enxergar o tabuleiro em sua totalidade, para que, assim, possam optar por um determinado caminho ou outro.

Por falar em livros que estimulam e contribuem para que possamos ver as coisas com outros olhos, em *Xeque-mate: a vida é um jogo de xadrez*, de Garry Kasparov,[21] um dos maiores estrategistas de todos os tempos, mostra como os fatores que o fizeram conquistar o título de campeão mundial de xadrez também podem ajudar a tornar as pessoas bem-sucedidas nos negócios e na vida, abordando, ainda, a importância política que o jogo desempenhou durante a Guerra Fria, por exemplo. Afinal, tudo é uma questão de estratégia e ação.

Comentei sobre o livro de Kasparov porque ele fornece algumas dicas que considero fundamentais para quem deseja avançar, mudar de estágio e começar a enxergar o tabuleiro da vida em sua amplitude. Alguns dos principais insights do autor que eu acredito e busco vivenciar, inclusive, em minha própria jornada são:[22]

1. **A capacidade de se adaptar é crucial:** Você não se torna o campeão mundial de xadrez sem a capacidade de executar diferentes estilos de jogo quando necessário. Às vezes você é forçado a lutar em terrenos estranhos, e não dá para simplesmente correr quando as condições não são do seu agrado;
2. **Mudar demais a estratégia é igual a não a ter:** As mudanças são essenciais. Mas elas só devem ser feitas após uma consideração cuidadosa e por uma boa causa. Apenas quando o ambiente tem uma alteração brusca você deve descartar sua estratégia inicial e mudar para uma nova. Siga o seu plano, com pequenos ajustes ao longo do caminho;

---

[21] KASPAROV, G. **Xeque-mate:** a vida é um jogo de xadrez. Rio de Janeiro: Campus, 2007.
[22] NOGUEIRA, P. Como a vida imita o xadrez. **DCM**. Disponível em: https://www.diariodocentrodomundo.com.br/como-a-vida-imita-o-xadrez/. Acesso em: 1 mar. 2023.

3. **É preciso unir estratégia e tática:** Há um ditado que diz: "planejamento sem ação é fútil, ação sem planejamento é suicídio". Para dar os passos certos, você precisa saber aonde quer chegar. Se a estratégia representa o fim, a tática representa os meios;
4. **Se uma pessoa tem talento e não o usa, então falhou:** As grandes realizações são alcançadas por pessoas que unem o talento ao trabalho duro. Daí a importância de se esforçar mais do que os outros se você quer ir longe;
5. **Originalidade é fundamental:** Cada mente aborda um problema de maneira diferente, porque ela traz um conjunto singular de experiências. E experiência não é o que acontece com uma pessoa, mas como ela reage ao que acontece com ela. Praticamente toda grande descoberta humana foi resultado de um conhecimento anterior, trabalho duro e um pensamento sistemático para fugir do comum;
6. **O sucesso é inimigo do sucesso futuro:** A complacência é perigosa. Satisfação leva à falta de vigilância, erros e oportunidades perdidas;
7. **Crise nem sempre é ruim:** Em um de seus discursos, Kennedy observou que a palavra chinesa para crise era composta de dois caracteres: um significando perigo; o outro, oportunidade. Descobriu-se depois que isso não é exatamente verdade, mas o conceito é perfeito.

SEJA UM LÍDER SERVIDOR

O modelo tradicional de liderança vem evoluindo de uma liderança nobre e ética, muitas vezes presa e enraizada em princípios e valores, para uma liderança servidora, que hoje é seguida pelos melhores CEOs do mundo.

E o que essas empresas têm em comum? Justamente a visão e a cultura dos seus líderes que era de uma maneira totalmente única operando o chamado "jogo infinito", que vou apresentar, em detalhes, mais adiante neste livro. Mais do que isso, eles adotam uma filosofia de liderança que existe há séculos e é praticada por apenas alguns líderes globais de grande sucesso que já encontraram as respostas do porquê trilhar por esse caminho.

Talvez, um dos principais pontos aqui é o fato de que, se você não estiver suficientemente informado sobre seus comportamentos e

5 níveis de consciência em negócios na nova economia

práticas modernas sobre liderança servil, pode gerar uma falsa percepção do que ela realmente é.

Do outro lado, os que já seguem nesse entendimento e são reconhecidos como as principais marcas do mundo compreendem o valor imenso e poder gerado ao colocar as pessoas (colaboradores) à frente dos lucros por meio de valores compartilhados, por exemplo, confiança, intraempreendedorismo,[23] liberdade e propriedade, comunidade e colaboração. E os servidores líderes, naturalmente, alavancaram essa moeda emocional como o único modelo sustentável para o futuro do trabalho.

Entenda que "uma boa liderança é servir aos outros". Mais especificamente, considere que os principais stakeholders são seus colaboradores e clientes, nessa ordem. Antes mesmo dos acionistas. Colocar colaboradores em pé de igualdade com os clientes e à frente deles, por mais louco que pareça, não significa entregar aos colaboradores as "chaves do cofre" e transformar os líderes em subordinados; significa construir uma cultura de confiança com ousadia, transparência e compartilhar para promover um espírito empreendedor em toda a organização, dando aos funcionários a liberdade de usar seus cérebros, tomar decisões e assumir total propriedade e responsabilidade de seu trabalho.

Além disso, essas empresas se destacam ainda por terem alta confiança, alto envolvimento e comprometimento dos colaboradores e consequentemente, baixa rotatividade – são guiadas por líderes visionários. Veja a seguir quais são as quinze características desses líderes e que os fazem ser únicos e referência para muitos.

1. **São CEOs ensináveis:** esses líderes se conectam com os outros aceitando de bom grado o papel de aprendiz. Esses líderes aproveitam a conexão no papel de "aprendiz" – até mesmo procurando "mentores inversos" – porque sabem que isso os tornou melhores. Eles sabem que cada pessoa tem algo importante a ensinar, por isso estão dispostos a fazer perguntas e estão entusiasmados com as respostas;

---

[23] Versão em português para "intrapreneur", intraempreendedorismo nada mais é do que a habilidade de empreender dentro de uma organização quando os colaboradores passam a trazer ideias inovadoras para dentro das empresas onde já trabalham.

INEVITÁVEL

2. **Ambiente físico:** garante que os colaboradores estejam seguros e se sintam confortáveis;
3. **Saúde e bem-estar:** oferecem oportunidades para tornar os colaboradores mais saudáveis;
4. **Interação social:** fortalecer os vínculos entre os indivíduos, facilitando o acesso à cultura e ao lazer;
5. **Reconhecimento:** fazem com que os colaboradores se sintam valorizados;
6. **Facilidade e eficiência:** simplificam a experiência diária do colaborador e otimizam o equilíbrio entre a vida pessoal e profissional;
7. **Crescimento pessoal:** ajuda os colaboradores a crescer e se desenvolver. Eles mostram sua humanidade: esses líderes aceitam que não são perfeitos e que cometem erros. E, quando eles cometem erros, os admitem. Ao modelar a confiança, quando os colaboradores cometem erros, é certo que eles se arrisquem a estarem abertos o suficiente para dizer e assumir um erro;
8. **Eles se esforçam** para que cada funcionário da empresa saiba absolutamente tudo em todas as áreas e de toda a empresa. Nada faz alguém se sentir mais parte de uma equipe do que saber que tudo foi comunicado a eles;
9. **Construa e mantenha relacionamentos de confiança.** Eles envolvem outras pessoas. Criar um ambiente no qual os riscos possam ser assumidos, permitindo que quem estiver ao seu redor se sinta seguro para exercer sua criatividade, comunicar suas ideias abertamente e fornecer informações para decisões importantes. Isso porque há confiança nesse ambiente, e não medo;
10. **Protegem ferozmente** a segurança de todos os parceiros;
11. **Lideram com coração de servo.** Buscam a excelência com paixão;
12. **Eles têm uma política de portas abertas:** os colaboradores sentiram que essa é uma missão em que estamos todos juntos. Uma política de portas abertas define o tom para isso. O CEO está sempre disponível, encoraja qualquer pessoa a vir e compartilhar seus pensamentos sobre como eles se sentem em relação ao seu desempenho;
13. **Entender que a comunicação** é um atributo-chave da liderança do servidor. Nesse sentido, estimule a liberdade de expressão e a

conexão, o que facilita para tornar a prática de feedback natural e recíproca (entre líderes e liderados);
14. **Adotar um processo anual** de revisão de desempenho está falido. Os servidores líderes acreditam que o desenvolvimento e o feedback devem ser uma conversa diária entre o líder e o subordinado direto;
15. **Sabem que é sua responsabilidade** criar um ambiente em que os membros de sua equipe tenham a chance de desenvolver seus dons e sentir que eles e seu trabalho são importantes.

Esses CEOs com visão de liderança servidora mostram claramente que a força mais poderosa nos negócios *não* é a ganância, o medo ou mesmo a energia bruta da competição desenfreada. A força mais poderosa nos negócios é o amor e a colaboração. É o que vai ajudar sua empresa a crescer e se fortalecer. É o que vai proteger a carreira dos colaboradores. É o que lhe dará uma sensação de significado e satisfação em seu trabalho, o que o ajudará a fazer o seu melhor trabalho.

Nesses ambientes compatíveis, fica nítido que as pessoas precisam ser tratadas com respeito e dignidade, mas são sempre desafiadas a atuar no nível mais alto. Líderes servidores não apenas ouvem como também respondem às necessidades apontadas por sua equipe.

O fato é que os líderes egoístas estão sucumbindo à medida que equipes colaborativas têm aumentado e as pessoas vão tendo consciência dessa prática e tendo seus trabalhos valorizados. Em contrapartida, esses líderes não podem ser confundidos como "bobinhos", que aceitam imposições ou ficam reféns e dependentes das circunstâncias. Aqueles colaboradores que não são recíprocos nessa cultura são demitidos na mesma velocidade e intensidade do que foram tratados de forma servil.

CAPÍTULO 7

Encantamento e fidelização

Falar sobre vendas é sempre um assunto atual e necessário. A gente compra e vende o tempo todo, e, acredite, essa arte não se restringe aos vendedores quando se trata da nova economia!

Vendemos ideias, compromissos, sonhos... e aprender a negociar faz parte da vida desde a infância. Quando uma criança passa a entender o poder da troca e que ter certas atitudes pode beneficiá-la, logo ela começa a pensar em convencer.

Convencer de que está certo ou de que sua opinião é melhor por isso ou aquilo também faz parte, mas trazendo para os dias de hoje e analisando a postura dos consumidores contemporâneos, para convencer e converter, é preciso mais do que bons argumentos.

>>>> O encantamento é a capacidade que as pessoas têm de encantar, de tentar resolver problemas por meio de suas experiências, de uma maneira descomplicada.

Cativar as pessoas e desenvolver o carisma é um dos fatores determinantes para se fazer agradável, disponível, sempre presente e útil aos outros.

Encantamento e fidelização

INEVITÁVEL

Os clientes estão cada dia mais exigentes e bem informados. Apenas essas duas características seriam motivo suficiente para tirar qualquer vendedor da zona de conforto. Mas essa lista tem uma infinidade de novos motivos que "obrigam" quem realmente deseja levar as vendas a sério a se preocupar e se mexer, se reinventar, se preparar.

Mais do que preço ou o produto em si, os consumidores esperam vivenciar experiências de compra. Tentar convencer sem encantar, além de dar muito trabalho ao vendedor, provavelmente será uma tarefa em vão. Por quê? Porque certamente o cliente encontrará em outro lugar um #UAU que procura.

E você pode estar se perguntando: mas, João, como encantar? O que realmente isso significa? No dia a dia é preciso criar um processo de vendas centrado *no* cliente. Aprofundando um pouco neste ponto, é sobre entender os motivos e as dores que fazem as pessoas comprarem.

Esse é o começo de tudo. Afinal, as vendas não se resumem a prospectar mais ou vender mais. O que é preciso fazer, então? Conectar-se mais com o público, pois, dessa forma, você perceberá que nem sempre vender mais com margem menor vai resolver seu problema. Como seus clientes atuais o avaliam? Como você se relaciona com eles? Sem contar que é muito mais fácil ficar conhecido em um pequeno grupo. "Todo mundo" não é o seu cliente. Diferencie-se dentro de um nicho (isso serve para qualquer área e qualquer pessoa). Ser especialista de um assunto comum a um grupo específico, sem dúvida, é muito mais certeiro.

E quem disse que apenas o cliente escolhe a loja ou o vendedor? O bom e consciente vendedor também escolhe seus clientes. É gratificante e envolvente trabalhar com pessoas impressionantes que fazem coisas que você acredita. Mais fácil, portanto, encontrar pessoas com esse mesmo objetivo. Domine o ambiente onde você pode construir uma lista de "alvos". Domine o nicho onde você será percebido como diferente.

E, se deseja encantar mais ainda, seja sincero. Primeiro consigo mesmo e depois com seu cliente. Encontre muitas pessoas com o mesmo problema e mergulhe aí para ajudá-las a alcançar resultados concretos. Invista onde você tem mais confiança.

E, por último, ser mais um vendedor não vai levá-lo a lugar algum. Seja ativo, autêntico, criativo e confiante, que encantar será uma consequência.

Encantamento e fidelização

Como? Busque soluções; reclamar não é uma opção. Não é de hoje que eu digo que devemos estar perto de pessoas que buscam soluções, e não problemas. Por incrível que pareça, existem pessoas que focam suas energias em apontar erros e problemas em tudo, em vez de se preocuparem efetivamente em fazer "funcionar" e "dar certo".

Na vida, em geral, não é segredo para ninguém o quanto estamos sujeitos a imprevistos e problemas. O ponto é o que você faz e como reage quando isso acontece. Você é da turma dos solucionadores ou dos que preferem valorizar o problema?

Claro, ainda existe um terceiro grupo nesse contexto que é formado pelos "reclamões" de plantão. Como se lamentar resolvesse as coisas; pelo contrário, piora tudo. Reclamar não é uma opção. Aponte sempre sugestões e soluções, critique menos e faça mais. O tempo que você perde reclamando é o mesmo que poderia estar consertando ou tentando.

Se você faria melhor no lugar do outro, por que não aproveita para fazer estando no seu? Por isso, promova sempre o que o encanta, em vez de atacar e criticar o que não lhe agrada. Aliás, quer um conselho? Não perca tempo dando conselhos a quem não quer recebê-los.

Algumas dicas para se tornar um solucionador de problemas e deixar as reclamações de lado:

1. Certifique-se do real alcance do problema antes de tomar alguma atitude;
2. Não negue a situação, tampouco finja que ela existe;
3. Assuma a responsabilidade de buscar solução. Não adianta, no momento de crise, procurar culpados ou se vitimizar;
4. Não procrastine. Decida resolver agora o problema. Na maioria das vezes, adiar é a pior alternativa;
5. Na maioria das vezes é preciso ter coragem para reconhecer os erros, se desculpar e agir. Isso é uma atitude sensata e madura;
6. Tenha sempre uma carta na manga ou um plano B em relação aos grandes projetos caso seja necessário "acionar a segurança";
7. A explicação mais simples geralmente é a correta;
8. Orgulho não deve atrapalhar a solução;
9. Não cante vitória antes do tempo;
10. Não permita que seu estado emocional fique comprometido.

CRIATIVIDADE E AUTENTICIDADE A FAVOR DO MARKETING

Um dos maiores desafios de qualquer empresa e até mesmo de pessoas que criam conteúdo ou vendem seus produtos é falar com as pessoas certas. Como assim, João? Eu explico. De nada adianta se você investir em publicidade, posts bem elaborados, artigos bem escritos, se você entregá-los a pessoas que não se interessam pelo que você está oferecendo, simples assim.

Descubra o seu público, a persona com quem você ou o seu negócio quer falar, se relacionar, interagir ou vender. Não perca tempo com gente que não tem *fit* ou que não quer ouvir o que você fala.

Assim, nunca é demais lembrar que público-alvo é uma parcela da sociedade consumidora para quem sua empresa ou negócio direciona as ações de marketing dos seus produtos ou serviços. Ou seja, um grupo de pessoas que têm um mesmo grau de escolaridade, objetivos, interesses em comum e assim por diante.

Sem contar ainda que em um mercado extremamente concorrido é necessário desenvolver estratégias para que os produtos ou serviços da empresa cheguem até os consumidores e consigam despertar o interesse deles. Porém, essa comunicação deve ser direcionada corretamente para o público-alvo do negócio para ter mais chances de sucesso.

Assim, ao se construir uma campanha com os objetivos de mercado voltados para o público-alvo, há mais possibilidades de a empresa conseguir aumentar a sua base de consumidores. Além disso, há maior oportunidade de fidelizar aquelas pessoas que compram com certa frequência na sua loja ou escritório.

Por fim, para algumas pessoas pode até ser difícil de aceitar, mas nem todo mundo está interessado nos seus produtos ou serviços. É por

Encantamento e fidelização

isso que a venda deve ser direcionada para quem quer comprar. <u>Nesse sentido, conhecer e entender o perfil do seu público-alvo é essencial para desenvolver campanhas direcionadas a ele, o que tornará o seu trabalho mais eficiente.</u>

E para que não restem mais dúvidas, você já sabe o que define um público-alvo. Já a persona é um perfil mais detalhado do que seria o seu comprador ideal, e não as características de um grupo.

Pode até parecer meio óbvio para algumas pessoas essa dica, mas se fosse tão simples assim não haveria tanta gente errando. Pense nisso e bons negócios!

E como eu sei que estou certo? Em vários momentos reforcei a ideia de que a gente aprende quando realmente faz. De fato, acredito que é validando que se aprende, mas não é só um teste que vai provar que vai funcionar, são várias provas juntas. Isso quer dizer que, na prática, no desenvolvimento mesmo é que aparecerão os problemas e os desafios reais, não apenas especulações e/ou projeções de como "poderia acontecer". E, sendo muito sincero, isso faz toda a diferença. Entre ter uma ideia, projetar e entregar o que se pretendia existe um enorme abismo onde boa parte das pessoas caem.

Para que isso não aconteça, mude a perspectiva do "eu sei que estou certo!" para "como eu sei que estou certo?"; isso vai despertar os porquês e a humildade necessários para balancear com sua audácia e arrojo. E, assim, buscar o equilíbrio para observar outros ângulos não contemplados anteriormente.

Testar o seu produto ou serviço é a única maneira (pelo menos a mais indicada) para você ter certeza de que está no caminho certo ou o que precisa mudar/melhorar. E o que vai fazer a diferença depois é a gestão de todas essas informações e métricas.

E sabe o que é mais interessante nesse processo de validação? O planejamento é fundamental para fazer com que qualquer projeto saia do papel. Mas na hora do "vamos ver" muitas vezes o produto ou serviço que você tem em mente pode nem ser o grande destaque da empresa, mas sim o excelente atendimento dos funcionários ou a maneira de se comunicar com os clientes nas redes sociais, por exemplo.

E você só saberá disso testando, errando e acertando, ciclo vencido após ciclo vencido. Por fim, dificilmente uma ideia pode crescer sem um investimento inicial. Caso não tenha renda suficiente para lançar seus produtos e serviços, é possível arranjar um ou mais sócios.

E lembre-se de que pessoas de sucesso não são aquelas que não cometem erros, e sim as que aprendem com eles. Em vez de ver suas falhas como erros, você pode analisar e descobrir o que poderia ter feito, quais obstáculos você podia ter evitado, e outros aspectos que você saberá corrigir em uma próxima situação.

E tudo isso você vai aprender na prática, no dia a dia da vida real que precisa acontecer além do seu PowerPoint e do seu escritório. Experimente, busque feedbacks reais, é assim que os caminhos certos são construídos.

> **BRANDING NA PRÁTICA**
> *Case: Como o Nubank se tornou uma das marcas mais amadas e valiosas do Brasil?*
>
> Construir uma marca forte será uma premissa para qualquer negócio no cenário digital, segundo a 1ª pesquisa do Brasil sobre construção e posicionamento de marca da nova economia.[24]
> Branding é muito mais do que apenas um logo. Os elementos visuais de uma marca importam muito, mas são só a ponta do iceberg. O convite aqui é para expandir o campo de visão com relação a essa poderosa competência que deve estar presente em toda a jornada de sua empresa e seu cliente.
> Na entrevista para o canal "Os Sócios", Cristina Junqueira,[25] uma das fundadoras da fintech Nubank, contou que eles perceberam a importância de investir na construção de marca de maneira que deixasse bem clara a proposta de diferenciação.
> Pela vontade de fazer diferente, David Vélez, Cristina Junqueira e Edward Wible fundaram, em 2013, a marca que se tornou a principal fintech da América Latina e umas das maiores do mundo, chegando ao IPO em 2021,

[24] FRONTINI, N. H. *Branding*: o impacto do branding no Nubank. **snaq**, 27 out. 2022. Disponível em: https://www.snaq.co/post/impacto-do-branding-no-nubank. Acesso em: 22 jan. 2023.

[25] A HISTÓRIA do Nubank (com Cristina Junqueira) | Os Sócios Podcast #51. Vídeo (1h18min10s). Publicado pelo canal Os sócios podcast. Disponível em: https://www.youtube.com/watch?v=smXwK1Ctpw4. Acesso em: 22 jan. 2023.

Encantamento e fidelização

o grande sonho de muitos empreendedores. Juntos, começaram a desenhar a história da empresa que já via a importância do posicionamento de marca forte e profundo desde o início.

Nubank então nasce com pilares bem definidos e um propósito claro: romper com as burocracias e entregar cartão de crédito, e excelente atendimento numa experiência livre de amarras para o público cansado de um modelo antigo de banco.

Nesse cenário onde grandes instituições dominavam um mercado inflado, sem inovação e complexo ao ponto de tirar o poder dos clientes sobre suas próprias finanças, ficou ainda mais claro que o Nubank precisava trazer credibilidade e, para isso, investiu na construção de marca que fez o bom papel de criar uma narrativa para conquistar seus clientes e se diferenciar comunicando sua cultura exemplar, valores e forte propósito.

O design da identidade da marca com seus ícones, fontes e imagens é cheio de significados e fortalecem a narrativa da marca e o seu reconhecimento. A fintech foi pioneira em adotar a cor roxa em um mercado onde essa cor não era explorada e fortaleceu o reconhecimento instantâneo do Nubank sem dizer uma palavra, por exemplo.

Com o cliente no centro também no design, ele é humanizado, pensado em cada etapa e contexto do usuário na utilização dos serviços e produtos. O time de design do Nubank é estimulado a aprender com cada interação do usuário e a encontrar formas de colaborar com pessoas de diferentes times com o propósito de encantar sempre.

Marcas reconhecidas no mercado apresentam um forte vínculo entre os clientes e a empresa, e constroem reputação, a partir do valor gerado na vida das pessoas. O trabalho de construção de marca deve ser encarado como um processo cuja gestão garantirá a essência da marca no longo prazo.

MUDE SUA MANEIRA DE VENDER

Só venda o que você consegue entregar. Vendas resolvem tudo, sim, mas apenas quando você tem a capacidade de entregar, estrutura para atender e conseguir vender com margem. E, por mais que se trate de uma realidade que pode ser experimentada por qualquer empreendedor que esteja ativo no mercado hoje, é incrível como muitos ainda não entenderam o quão perigoso é oferecer aos consumidores o que você e/ou sua empresa não conseguem entregar.

E o pior de tudo isso: vemos isso em todas as esferas e áreas – quem dera se fossem apenas exceções. O fato é que se comprometer com alguém (seja seu cliente final B2B ou B2C) e acabar por "queimar seu filme" coloca todo seu negócio e até mesmo sua estratégia em risco. Mais do que isso, em um mundo altamente conectado e marcado por avaliações e recomendações, errar com um cliente pode representar um enorme problema, uma vez que este ganha proporções incontroláveis dependendo de como é exposto pelo lado que não recebeu o que esperava.

Nem preciso dizer que vender mais é algo que todo mundo quer e precisa. Mas o que nem todos param para refletir é sobre uma pergunta fundamental: o que o cliente deve esperar ao fazer negócio com você e sua empresa? Este é o ponto-chave: se você vende a ideia de solucionar um problema x, não fazê-lo é um verdadeiro tiro no pé. Perceba que em meio aos estudos de posicionamento, definição do público-alvo, desenvolvimento da marca e produtos, muitos se esquecem de manter o foco no que realmente importa, que é a satisfação dos clientes que viram em você e sua empresa a melhor alternativa.

Ao se colocar do lado dos consumidores, no geral, o que se espera da empresa é coerência entre o que é falado e o que é feito; atenção genuína; educação no trato; disponibilidade por parte da empresa que atende; empatia para entender e solucionar da melhor maneira qualquer eventual descontentamento.

A venda tem sido apenas a porta de entrada para que sua empresa possa se relacionar com os seus clientes, nunca se esqueça disso. Não é mais um fim, mas um meio. Parte crucial de qualquer relacionamento é a confiança, que mesmo que seja construída por um longo período pode se quebrar em fração de minutos ou de uma simples escolha errada.

Sem cliente, nenhuma empresa sobrevive. E os empreendedores sabem bem disso. Mas buscar crescer a todo custo, desenfreadamente e sem suporte para tal, pode ser ainda mais alarmante do que não conquistar novos clientes. A médio e a longo prazo, empresas que não entregam o que prometem caem em descrédito e, uma vez que mancham seu nome perante o mercado, fica praticamente impossível de recuperar a credibilidade.

Encantamento e fidelização

A sociedade tem valorizado, e muito, os números, as metas e a alta performance de modo geral. Porém, com base nas experiências que vivi, costumo dizer que, caso tenha que escolher, prefira se relacionar, trabalhar ou contratar pessoas mais confiáveis do que pessoas que só apresente alta performance.

E sabe por quê? Às vezes, na ânsia de obter novas métricas e patamares, gestores optam por profissionais que nem sequer estão alinhados verdadeiramente ao negócio. E isso a médio e longo prazo é uma bomba-relógio que cedo ou tarde vai explodir. Além disso, as pessoas que não são confiáveis geralmente deixam o ambiente tóxico, pois não são humildes e empáticas e não sabem trabalhar em grupo.

Em contrapartida, se a pessoa é confiável, "ensinável" e do bem, o resultado vem, não tenha dúvida. É tudo uma questão de perspectiva e de visão ampla da situação a ser resolvida de maneira definitiva, e não paliativa. Perceba que o próprio significado da palavra "confiável", que é digno de receber confiança, que é honesto, sincero, já diz tudo.[26]

E focados ainda no ambiente de trabalho, como reconhecer se alguém é confiável ou não? Algumas dicas que separei podem ajudar nesse sentido e estão pautadas basicamente pela observação em relação a como as pessoas agem no dia a dia:

- » Como a pessoa analisada lida quando outras do grupo estão ausentes? Se fala mal, bem, com empatia ou com maldade?
- » Essa pessoa cumpre o que diz? Entrega tudo o que aparentemente "vende"?
- » Na frente dos gestores, é aquela pessoa que vai tentar a todo custo mostrar que foi ela quem fez isso ou aquilo, ou percebe o valor do trabalho em equipe?
- » É honesta? A honestidade pode ser percebida a todo momento, até mesmo na hora do almoço quando a pessoa recebe o troco errado, por exemplo, e acha que tirou vantagem ou devolve o dinheiro.
- » É estável? Pessoas que tendem a manter o mesmo posicionamento e conduta geralmente são mais confiáveis do que aquelas que mudam de opinião e postura como trocam de roupa.

[26] Confiável. **Dicio**. Disponível em: https://www.dicio.com.br/confiavel/. Acesso em: 1 mar. 2023.

> Pessoas que sabem como e quando dizer não são mais propensas a confiança. Perceba que quem quer agradar a todo mundo e o tempo todo geralmente esconde uma insegurança absurda ou o faz como estratégia para se mostrar útil e interessada por tudo.

> O conhecimento é a base. Você já parou para pensar em como confiamos nos médicos? Ou em um piloto de avião? Pessoas confiáveis sabem o que estão fazendo e transmitem isso de maneira natural.

A MOEDA MAIS VALIOSA DE HOJE

Propus um desafio no meu Instagram e recebi centenas de comentários interessantes; por isso, resolvi compartilhar algumas percepções quanto aos resultados e principalmente quanto ao que me motivou a fazê-lo. A proposta era escrever nos comentários "qual é a moeda mais valiosa na sua opinião"? Deixei totalmente em aberto, então poderia ser qualquer coisa, incluindo tempo, família, ouro, bitcoin etc.

Como eu já imaginava, as respostas, de fato, foram as mais diversas. O que comprovou, em primeiro lugar, que a ideia do que é valioso realmente muda de uma pessoa para outra e, em segundo lugar, que, no geral, as pessoas relacionam o que é mais valioso ao que é intangível, aos sentimentos, pessoas ou situações que não têm precificação.

Depois de feito o movimento, me manifestei também. Todas as palavras comentadas são realmente valiosas, poderosas e essenciais, *mas* tem uma que é capaz de *agregar* e reunir todas elas no mesmo contexto: ATENÇÃO! Na minha opinião, se você conquistar a atenção genuína das pessoas, pode conseguir as outras "moedas" (sempre no bom e no honesto sentido).

Segundo o dicionário, a palavra "atenção" significa concentração da atividade mental sobre um objeto determinado. É a concessão de cuidados, gentilezas, obstáculos.[27] Para a psicologia,[28] a atenção é uma qualidade da percepção que funciona como uma espécie de filtro dos estímulos

---

[27] Atenção. **Infopédia**. Disponível em: https://www.infopedia.pt/dicionarios/lingua-portuguesa/aten%C3%A7%C3%A3o. Acesso em: 1 mar. 2023.

[28] FREITAS, B. M. Entendendo a Psicofarmacologia do TDAH. **(EN)Cena**. Disponível em: https://encenasaudemental.com/comportamento/insight/entendendo-a-psicofarmacologia-do-tdah/. Acesso em: 1 mar. 2023.

Encantamento e fidelização

ambientais, avaliando quais são os mais relevantes e dotando-os de prioridade para um processamento mais profundo. E, convenhamos, nos dias de hoje, em que tudo é extremamente superficial, passageiro e rápido, reter a atenção de alguém por determinado tempo tem sido um enorme desafio, seja em casa, no trabalho, em uma aula ou palestra.

Por isso, considero que a moeda mais valiosa é a atenção. Se você consegue obtê-la de maneira sincera e espontânea, poderá conquistar o que quiser. Uma boa conversa, dar ou receber um conselho, fechar negócios e/ou dar andamento em trabalhos que não "andavam" por falta de atenção, e por aí vai.

Em uma sociedade cada vez mais conectada e tecnológica, às vezes esquecemos de olhar nos olhos, de cumprimentar, de dar um bom-dia com a cabeça erguida, e não digitando no celular enquanto responde alguém que não está do seu lado e que você nem vê quem dividiu o elevador com você.

Algumas moedas são insubstituíveis, e perdê-las pode significar um rombo enorme na sua alma. Por isso, avalie com frequência suas ações e prioridades. Afinal, para você, hoje, qual é a moeda mais valiosa? Depois que conseguir responder, guarde-a e cuide dela com carinho para não correr o risco de perdê-la.

>>>> **E aí entra outro aspecto importante: como você vai terminar o que começou? Em um mundo imediatista e repleto de oportunidades e opções, me arrisco a dizer que mais importante até do que começar a desenvolver algo (investir tempo e dinheiro) é saber como você chegará ao final do processo. Você precisa estudar o fim do jogo antes de qualquer outra coisa. É assim, pelo menos, como pensa (ou deveria pensar) o empresário na nova década.**

É claro que todo começo é significativo e importante, afinal, sem o primeiro passo, nada na sequência acontece. Mas não se iluda, você deve pensar, estudar, visualizar e planejar o fim do jogo também, antes mesmo de começar.

Quem não conhece a história de Alice no País das Maravilhas e a célebre frase que diz que: "Para quem não sabe para onde vai, qualquer caminho serve". Na ficção, na vida ou nos negócios, muitas vezes não nos damos conta disto: deixamos de ser o autor da nossa própria história principalmente quando não sabemos por qual caminho seguir.

Não nos planejamos, não nos organizamos, agimos empiricamente, por necessidade, seguimos a intuição, e o pior: não sabemos o que queremos! Com uma combinação dessas, é claro que não fica difícil imaginar que nesse cenário nos tornamos reféns do acaso.

Por não saber por onde e como seguir, não conseguimos vislumbrar o final, pegamos qualquer caminho, buscamos supostos atalhos para chegar a qualquer lugar que naquele momento possa parecer promissor.

Muitas pessoas querem fazer alguma coisa, começar a empreender ou sair na frente com sua ideia. Ok, mas isso deve ser uma tática, e não uma meta. E esse é o ponto.

É claro que é necessário provar que a sua ideia de negócio tem valor, mas é preciso mostrar mais ainda que ela terá longevidade.

Para ser ou se tornar um empresário da nova era é preciso, sobretudo, definir suas táticas, seu plano de ação e suas metas a médio e longo prazo. Em diferentes momentos eu costumo dizer que, quando se trata do mundo dos negócios e do atual mercado, não há mais espaço para amadorismo ou "achismos".

Se você não sabe como vai terminar o que começou, volte e comece de novo. Posso lhe garantir que sua assertividade será maior fazendo o que precisa ser feito e do modo certo.

E lembre-se de que a antipatia e a arrogância são ingredientes do fracasso; enquanto a simpatia é o principal instrumento para conquistar sucesso e superar obstáculos.

ACHISMOS DA SABEDORIA

Fiz uma avaliação e reflexão sobre a minha idade, meu conhecimento e aprendizados ao longo da minha jornada. O normal é que, quanto mais velhos somos e vamos ficando, mais conhecimento temos e vamos adquirindo. Fiz uma regressão rápida para imaginar como eu era desde os 15 anos e fui subindo a idade refletindo sobre o que eu fazia, pensava e sabia em cada fase e em cada época.

Lembro que com pouca idade tinha uma espécie de "superioridade" ilusória que me impedia de entender muitas coisas. Percebo hoje

Encantamento e fidelização

a diferença entre o *achismo* e a *realidade* de como realmente acontece na vida em cada idade (veja meu rabisco na imagem a seguir).

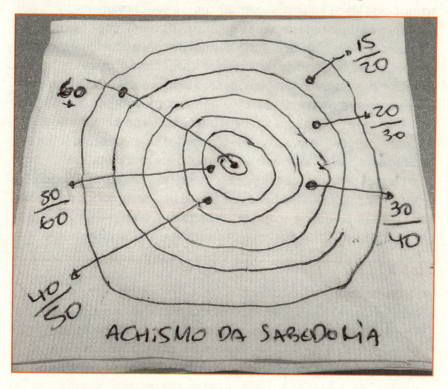

Eu e os meus rabiscos em guardanapos. Desculpe-me pelos garranchos!

Veja nesse desenho que o círculo maior representa um conhecimento abrangente, porém *não* na idade *mais velha*, e *sim* na *mais nova*, ou seja, quanto mais novo somos, mais *achamos* que *sabemos* ou temos certeza de tudo e o círculo do "achismo" vai diminuindo quando envelhecemos, mas de repente volta a expandir quando ultrapassa os 60 anos.

Nessa reflexão percebi que foi assim comigo: dos 15 aos 20 já queria ser adulto, eu já sabia de tudo. Dos 21 aos 30 anos, o mundo era pequeno para o que eu já sabia e fazia. Dos 31 aos 40 anos, apesar de me achar o sabidão, a vida me mostrou que não era bem assim e a abrangência do círculo já estava alerta. Dos 40 aos 50 anos, a realidade chegou e eu vi que sabia muito menos do que achava que sabia. Dos 50 (minha idade enquanto escrevia este livro), eu tenho a sensação de que hoje não sei de nada e que

INEVITÁVEL

tenho que reaprender e/ou aprender muita coisa ainda. (Só sei que nada sei!) Dizem que esse *sentimento* vai equilibrar entre 60 e 70 anos. E que, acima dessa idade, voltamos a pensar como jovens novamente.

Parece confuso tudo isso, mas, quanto mais velho você ficar, mais vai entender que a realidade do ciclo natural do conhecimento é invertida em muitos fatores, principalmente que a sabedoria acumulada, apesar de maior por conta do tempo e idade, a *sensação* e o *comportamento* é inversamente proporcional. Esse pensamento é uma reflexão profunda e é de certa maneira também uma adaptação da teoria do Efeito Dunning-Kruger – as pessoas que têm pouco conhecimento sobre um assunto acreditam saber mais que outros mais bem preparados.

O choque de realidade sempre acontece, mesmo que agora não perceba (e é normal), quanto mais velho você fica, mais coisas você sente que precisa aprender e reaprender. Sempre é bom refletir sobre seu papel na vida, os ciclos e os ensinamentos que ela lhe proporciona.

>>>>>

NÃO SEJA UM PATO

Certa vez, recebi um empreendedor para um pitch de sua startup, um negócio em estágio inicial. Percebi que ele estava pronto para responder várias das perguntas que são feitas por um investidor anjo, tais como: *Quais são os planos ou o que precisa ser realizado?* Mas quando perguntei sobre o processo de validação, qual seria a persona que ele iria atender, ele me respondeu de forma genérica. E olha o perigo dessa resposta; afinal, se ele não sabe exatamente quem é o seu cliente ideal, como saberá de forma assertiva para quem deseja vender?

Na ocasião, ele me contou o seguinte: "Meu serviço resolve o problema que acontece de comunicação entre as equipes de vendas e marketing nas empresas, então o cliente ideal seria o tomador de decisão de cada uma dessas áreas". Bem, quem me conhece sabe que não sou aqueles investidores que "metem a porrada", eu me calo e digo "uhum". Se o empreendedor for humilde e me perguntar se está certo, eu respondo com uma minimentoria para tentar chamar a atenção para a correção do rumor.

Nesse caso que estou usando para mostrar o que acontece com recorrência, o empreendedor me indagou dizendo que tinha validado via pesquisa com

Encantamento e fidelização

diversos clientes possíveis e que tinha certeza de que sabia quais tipos de usuário se beneficiam mais com o serviço dele.

Ele me perguntou: "E aí, gostou?".

Minha resposta foi: "Eu invisto em startups validadas, e que, com isso, conseguem fazer um MVP – consequentemente o seu cliente ideal ou a persona são finalmente encontrados. Validação, para mim, não são apenas perguntas e pesquisas no sentido de que se comprariam ou usariam a solução. São vendas realizadas."

No caso, ele não via essa validação nem que as startups não devem ter dois clientes-alvo.

É uma batalha complexa e que vai gerar muito esforço e custo de aquisição no começo para vender para vários tipos de cliente. As startups que seguem muito conseguem chegar no PMF (*product, market fit*) é justamente porque encontram também a persona ideal, ou seja, um tipo de cliente, e não vários tipos de cliente. Bem, o empreendedor não gostou do que ouviu e ainda me disse: "Acho que você não entendeu que já está validado com os clientes e também acredita que você não captou corretamente o meu modelo de negócio".

Eu disse: "Ok! Boa sorte com sua rodada de investimento".

Alguns meses se passaram e esse mesmo empreendedor me procurou novamente pedindo para tomar um café porque ele tinha que me pedir desculpas. Fiquei curioso e aceitei o convite.

Ao encontrá-lo, ele foi logo me falando: "João, passei os últimos cinco meses tentando vender os meus serviços para equipes de vendas e de marketing das empresas. Cada oferta segue um padrão semelhante ao da minha validação inicial da pesquisa. Eu conversava com os chefes das áreas de vendas ou marketing de uma empresa, a pessoa falava que eram bem legais a ideia e o projeto, mas ninguém nunca quis comprar efetivamente, nem ao menos testar".

E completou: "Não consegui descobrir o porquê. Nenhum dos meus sócios competitivos identificou o motivo também. Todos perplexos. Se todos gostaram do meu negócio, por que ninguém comprava? Foi aí que resolvi falar com você novamente. O que você ouviu quando conversamos e que eu não consegui enxergar?".

Com a mudança de postura dele, resolvi repetir o que tinha dito anteriormente: *a validação* é quando tem algum cliente pagante, ativo. E ainda acrescentei que, com isso, é possível começar a entender a persona, o tal cliente ideal ou cliente-alvo, e não somente o público-alvo. Além disso, eu o lembrei de que falei que, quando você tem vários públicos, termina não atendendo a uma necessidade ou dor específica de uma categoria. Ou seja, a dica é que as startups não devem ter mais de um cliente se essa dor não for validada antes por outros tipos de cliente.

Ele ainda insistiu: "Mas, João, se mais de um tipo de cliente pode usar meu serviço, por que não posso vender para os dois se ambos se beneficiariam com a compra?".

Vamos à lição final:

Comprar e vender são duas coisas diferentes. É fato que os dois tipos de cliente podem comprar o seu serviço e tudo bem se isso acontecer. Mas você deve focar inicialmente e vender para apenas um tipo de cliente e eu explico por quê. Pensa comigo:

"Que tipo de carro você dirige?", perguntei a ele. "Você dirige um SUV?"

Ele respondeu: "NÃO, eu dirijo um Sedan básico".

"Mas você provavelmente poderia usar um carro SUV. Ele serve bem para locomoção, é maior, mais seguro e mais confortável."

Aí ele respondeu: "Eu gosto dos SUVs, mas são carros de senhoras, carro grande e de família, além de serem mais caros".

"BINGO!", eu disse. "Mesmo que você possa ser um cliente de um SUV, você não se considera um cliente de SUV."

Sabe por que ele pensava isso? Por causa de como esses carros são oferecidos e comercializados. Como o fato de você não querer dirigir um SUV se relaciona a um serviço que funciona para equipes de vendas e marketing? Agora, pense nisso pela perspectiva deles. Se você comercializar seu serviço para equipes de vendas e de marketing, simultaneamente, criará uma confusão natural. As equipes de marketing e as equipes de vendas são duas esferas separadas. Eles têm lideranças diferentes, equipes diferentes, objetivos diferentes e orçamentos diferentes. Quem será o responsável pela implementação do seu produto? Com quais ferramentas eles devem integrá-lo? Quem deve pagar por isso? Quem deve garantir que seja eficaz? Quem se responsabiliza por não operar ou causar um grande problema? Para resolver esses tipos de problema de marca, você basicamente terá que criar dois funis paralelos de aquisição de clientes, em vez de um. Como uma startup, você não tem recursos para isso, então está se preparando para o fracasso.

Ele respondeu: "João, de fato, eu não tinha pensado nisso!".

Encantamento e fidelização

> Foi aí que ele finalmente entendeu que não havia validado corretamente. Muitos empreendedores ficam tão entusiasmados com as coisas que constroem que pensam que o mundo todo vai querer comprar o que desenvolveram. Mas não é assim que funciona a aquisição de clientes para startups. Cada comprador é diferente, tem dores diferentes e deseja coisas diferentes. E porque cada comprador é diferente, e você é uma startup no começo, sem dinheiro, fazendo muito com muito pouco ou quase nada, que não pode se dar ao luxo de vender para todo mundo. Em vez disso, você deve se concentrar em vender algo que um tipo de cliente deseja.
> No final, ele ainda perguntou: "Ahh, agora eu entendi, mas me explica por que então tantas empresas de enorme sucesso têm tantos produtos e diferentes tipos de cliente".
> Complementei dizendo que uma empresa tradicional tem um modelo diferente de uma startup. Ok, mas, mesmo que sua pergunta fosse para uma startup, se ela encontrou seu PMF e segue crescendo mesmo que organicamente, ela pode, sim, validar outros serviços, produtos e clientes. Pode mais testar hipóteses, porque tem o básico e padrão rodando e funcionando bem. Você não precisa montar uma startup para ser enorme no começo, não adianta querer ser o Steve Jobs ou o Mark Zuckerberg ou um unicórnio,[29] pois as startups não são como grandes empresas. Devem focar em desenvolver um tipo básico de serviço para resolver um problema para um tipo básico de cliente que tem uma dor específica.

Você, leitor, deve estar se perguntando o que o Pato tem a ver com essa história. Então, "não seja Pato" diz respeito exatamente a uma ideia que eu queria lhe mostrar. Um Pato anda desengonçado, nada muito mal e voa quase nada. Ou seja, não faz nada bem-feito. Sacou?

Depois de descobrir como fazer isso e encontrar seu caminho, o próximo passo é decidir se quer crescer e se tornar algo maior ou vender o que construiu. Um passo por vez, mas no caminho certo é que leva ao sucesso estruturado e contínuo, e a subir de nível de consciência.

---

[29] Empresas conhecidas como "unicorn" são as que atingem uma valorização de 1 milhão de dólares sem ter presença na bolsa, ou seja, o sonho de qualquer startup. Um exemplo de empresa unicórnio é o Nubank.

CAPÍTULO 8

Empreender é libertador

Sua condição hoje não determina seu futuro. Tenho enfatizado que, para mudar algo na vida, é preciso ter, em primeiro lugar, a capacidade de transformar os pensamentos em ações e as ações, consequentemente, em hábitos. Assim, não é difícil imaginar quais são esses hábitos que ditarão o seu estilo de vida e os resultados que colherá a médio e longo prazo. E eu decidi trazer à tona mais uma vez esse raciocínio porque, com recorrência, vejo pessoas que acabam ficando desestimuladas e até desacreditadas por uma razão ou outra, e passam a acreditar que o seu atual momento se perpetuará. Esse pensamento é um erro, afinal, nada é para sempre e tudo passa, inclusive os momentos bons.

Por isso, tenha fé, não são as suas condições de hoje que vão determinar o seu destino e seu futuro, são as suas escolhas e decisões. Se você nasceu sem condições, a culpa não é sua, mas ficar na mesma é sua decisão e sua responsabilidade. Se vencer na vida, nunca perca a sua essência e seja grato a quem ajudou você. Aliás, gratidão é o que vai fazer você brilhar e ter sucesso por muito mais tempo.

Perceba que, quando você vive simplesmente "dia após dia", sem sair da rotina ou quebrar ciclos, fica impossível converter em realidade aquelas metas que você tanto deseja. Isso significa dizer que as pessoas não decidem seu futuro, mas elas decidem seus hábitos, que as possibilitam desenhar seu futuro e transformar a própria realidade.

Bruce Van Horn publicou em seu artigo "People Don't Decide Their Futures, They Decide Their Habits"[30] [em tradução livre: As pessoas não decidem seu futuro, elas decidem seus hábitos], reflexões sobre esse aspecto do problema, ou seja, que seu futuro não é um ponto imutável localizado mais adiante no tempo, mas o resultado das ações que você conclui durante a sua trajetória. Segundo Van Horn, "O modo como você gasta a maioria de seus dias vai determinar o modo como você gastará a maioria de seus anos".

Logo, independentemente da sua atual situação, não se prenda a uma visão pessimista ou desacreditada sobre si mesmo e suas possibilidades. As decisões que você tomar vão definir a sua vida e o que você vai fazer no futuro. Então, se você tem sonhos e deseja realizá-los tem que fazer coisas diferentes. Se os resultados que você está tendo hoje não são satisfatórios, não vão mudar se você não fizer algo de diferente. Pode parecer óbvio, mas esse é o caminho para começar a mudar; não existe outro.

"Saiba que são suas decisões, e não suas condições, que determinam seu destino." Tony Robbins é o autor dessa frase. Estrategista, escritor, filantropo e palestrante motivacional, ele é um dos responsáveis pela popularização da programação neurolinguística (PNL), que é uma ciência que estuda os modelos mentais, desde como eles se formam até como afetam nosso comportamento e aprendizagem. E o foco da PNL é expandir o potencial cognitivo para que possamos desenvolver a nossa inteligência emocional.

Leia novamente a frase de Robbins e internalize-a. E o mais importante, nunca deixe que nada nem ninguém o desmotive ao ponto de fazê-lo desistir de construir o seu futuro como você idealiza e sabe que pode alcançar.

Existe uma passagem na Bíblia (Eclesiastes 3:1,2) que diz que tudo tem o seu tempo determinado, e há tempo para todo o propósito. "Para tudo há uma ocasião, e um tempo para cada propósito debaixo do céu: tempo de nascer e tempo de morrer, tempo de plantar e tempo de arrancar o

---

[30] VAN HORN, B. LifeThought: People don't decide their futures, they decide their habits. Disponível em: https://www.brucevanhorn.com/lifethoughts-39/. Acesso em: 1 mar. 2023.

que se plantou." E, além de ser uma lei natural, plantar para se colher, é impossível não apenas interferir ou mudar a sequência dos acontecimentos mas também plantar algo esperando obter um resultado diferente do seu plantio.

Pode parecer óbvio em um primeiro momento esse raciocínio, mas você já se deu conta de como no geral as pessoas são contraditórias? Querem emagrecer, mas não abrem mão de alguns prazeres ou não fazem exercícios físicos. Querem enriquecer, mas sem ter que trabalhar duro. Desejam um casamento bem-sucedido, mas se esquecem do mínimo no dia a dia. Ou seja, nada adianta se você almeja algo e não consegue ter clareza sobre o que precisa fazer, o caminho a percorrer, as sementes a serem plantadas – e não focar apenas o resultado, a colheita.

E no mundo dos investimentos a lógica é a mesma. Sem dúvida, as melhores colheitas precisam de tempo e de acompanhamento para alcançar os resultados almejados. Meu livro *O poder do equity*[31] se apresenta como uma ferramenta muito importante para quem deseja ter uma mentalidade mais atual, investir em startups e desenvolver negócios na nova economia.

A ideia de *O poder do equity* é apresentar, aos que ainda não conhecem, a "riqueza invisível" que existe nos negócios e na nova economia e que ainda poucos conseguem entender e aplicar. Mostra como é desenvolver uma visão de longo prazo e aproveitar melhor as oportunidades desse novo mercado.

A verdade é que nem sempre os empresários pensam sobre isso. Quando vão abrir um negócio pensam a curto prazo: em margem, ganhos, lucros, pró-labore e distribuição aos sócios. Sem nenhuma estratégia de equity para o futuro!

Mas é assim que funciona na vida e no mundo dos negócios: geralmente a longo prazo você terá uma recompensa muito mais valiosa e duradoura. Se você deseja fazer grandes colheitas, precisa então entender logo como tudo isso funciona na prática, respeitar o período de crescimento, e não tenho dúvidas de que *O poder do equity* pode ajudá-lo a enxergar tudo isso de uma forma natural – como de fato é.

---

[31] KEPLER, J. **O poder do equity:** como investir em negócios inovadores, escaláveis e exponenciais e se tornar um investidor-anjo. São Paulo: Gente, 2021.

Empreender é libertador

Esta é a mentalidade do equity: em vez de usufruir de todo o resultado do seu negócio naquele momento, passe a reinvestir e pensar a longo prazo no mesmo negócio. Quer se aprofundar no assunto e encontrar as respostas que estão na sua cabeça agora? Sugiro que você leia *O poder do equity*.

FILHOS PREPARADOS PARA O MUNDO

O que você fixa na mente dos seus filhos?

Com toda certeza em algum momento da sua vida você deve ter escutado a frase "as palavras têm poder". Bom, é claro que para cada pessoa essa afirmação pode ganhar um significado mais ou menos expressivo de acordo com suas crenças e influências, mas, para aqueles que acreditam, realmente a palavra tem poder. Porque elas trazem um significado não só literal como também espiritual e energético. Além disso, é válido ressaltar que uma palavra dita causa mais efeito em quem a ouve do que em quem a pronuncia.

Se focarmos nesta frase "as palavras têm poder", mas não no ponto de vista espiritual e/ou energético, seria suficiente para transmitir a mensagem que eu gostaria de passar neste capítulo: muito cuidado com o que você fala (até mesmo sem querer) para os seus filhos.

Alguns exemplos práticos de falas que são utilizadas no dia a dia e que podem fazer um verdadeiro estrago na vida dos seus filhos:

» Papai ou mamãe vai *ter* que trabalhar (obrigação);
» Você não quer nada com a vida (incapacidade);
» É assim que eu quero! (imposição);
» Você me deixa louco! (desequilíbrio);
» Você me paga! (ameaça);
» Pare, você não é bom nisso! (derrota);
» Você sabe que eu dou um duro danado e você me trata desse jeito! (transferência de ônus);
» Seu porquinho! Vá tomar banho (autoestima);
» Seu irmão é melhor que você! (comparação);
» Não vai doer nada (mentira).

INEVITÁVEL

E por aí vai. Com certeza, ao ler o que destaquei, outras falas devem ter vindo à sua mente. Mas uma coisa é certa: as palavras têm força e podem trazer consequências boas ou ruins dependendo da maneira como são pronunciadas.

Não se trata de cuidar do seu filho de maneira "intocável" ou criá-lo em uma "redoma de vidro", e sim de ser um *pai ou uma mãe que mentora* que faz *perguntas* instigantes, motivando a criticidade, e não somente afirmações, reclamações, exigências, ameaças ou acusações.

Os tempos são outros, não dá para criar filhos do mesmo jeito como nós fomos criados. Faz sentido para você?

A boa notícia é que você pode usar todas essas transformações a seu favor e evoluir junto com elas. Para quem pensa que empreender é apenas glamour, saiba que boa parte dos empreendedores que conheço já tiveram uma jornada repleta de altos e baixos. Por diferentes motivos, claro, mas eles entenderam também que a única certeza que temos é a mudança.

Logo, não existe sucesso que dure uma vida inteira ou fracasso que não possa ser superado. As coisas mudam, pessoas mudam e cenários também. Acredite: todos nós passamos por momentos difíceis. No entanto, alguns passam por esses momentos melhores do que outros. Então, qual é o segredo?

É claro que existem modelos para minimizar os erros e aumentar a produtividade e a performance de qualquer empreendedor. Existem várias formas de se manter informado e de preparar-se para os desafios que outros já enfrentaram e que, por isso, compartilharam suas experiências. Mas eu diria que a resiliência é uma das principais características necessárias de se desenvolver para "sobreviver" no mercado. Ela nada mais é do que a aceitação das mudanças sem resistência. Se algo aconteceu diferente do que você planejou, ok, a questão é: o que fazer com isso?

Além disso, não existe melhor professor do que a prática. Você tem errado com que frequência? Acredito que, para um empreendedor, não existe escola melhor que a vida. Experimentar as frustrações é o que nos prepara. Nunca vi ninguém sair mais fraco depois de resolver um grande problema ou enfrentar uma dificuldade real.

Se as mudanças estão se tornando cada vez mais comuns, aprenda a abraçá-las e a se tornar mais fortes com elas.

Empreender é libertador

25 LIÇÕES DE VIDA E SUCESSO PARA DEIXAR PARA OS FILHOS

Ao longo da vida, temos, diariamente, a oportunidade real de aprender e evoluir de acordo com as experiências às quais somos submetidos. Nesse processo, é fundamental estar disposto a observar, refletir e mudar o que for necessário, rumo à construção de novos posicionamentos e percepções sobre os mais diversos assuntos.

Com base nisso, criei uma lista com 25 apontamentos que podem ajudar você a moldar sua mente e perceber o que precisa mudar ou aperfeiçoar na relação com seus filhos; afinal, o que os pais desejam é mostrar aos seus o que realmente importa nessa vida e com o que eles realmente precisam se preocupar, certo? Então reflita sobre cada dica a seguir e veja quais se aplicam ao seu dia a dia e aos relacionamentos em casa.

1. **Esteja de corpo e alma presentes.** A capacidade de estar verdadeiramente presente tornou-se uma raridade. Quando você estiver com alguém – seja um contato comercial, amigo ou parceiro – esteja *com* ele. Abaixe o celular, olhe nos olhos da pessoa que está com você;

2. **Ser antifrágil é a melhor defesa.** A vida é aleatória e caótica. Não se deixe destruir pelo caos. Em vez disso, adote uma mentalidade e prepare uma estrutura benéfica para você e que não o assuste com cada mudança;

3. **Momentos ruins aproximam.** É fácil estar presente quando as pessoas estão celebrando suas vitórias. Mas é preciso caráter e consideração para estar perto delas em momentos mais sombrios. As pessoas nunca esquecem quem os apoiou quando tudo deu errado ou em um momento ruim. Seja o amigo que está sempre lá - nos bons e nos maus momentos;

4. **Adaptação é sinônimo de sobrevivência.** A vontade de mudar de ideia é uma raridade na nossa sociedade. É ótimo ter uma visão forte, mas é ainda melhor ter sempre a mente para contra-argumentos. Objeção teimosa a perspectivas alternativas impede o progresso. Esforce-se para ter opiniões fortes, pouco defendidas, mas esteja aberto a mudar de opinião se quando necessário;

5. **O poder do interesse genuíno.** Estar realmente interessado. O talento é superestimado, o interesse não. Pessoas interessadas estão propensas a dar atenção profunda a algo para descobrir mais sobre o assunto. Elas

fazem perguntas, ouvem e observam. Abrem-se para o mundo ao seu redor. Estar interessado é a chave para uma vida plena e para desenvolver relacionamentos reais e saudáveis;

6. **Comparações são ciladas.** Não queira ser igual a ninguém. O diferente é bonito, é único. No geral, queremos sempre nos encaixar em um padrão, e quando isso acontece é fácil tomar decisões erradas com base na insegurança. Só percebi mais tarde que ser diferente é a maior vantagem competitiva de uma pessoa. Ninguém pode competir com você querendo ser igual a você, é preciso ser diferente;

7. **Trabalho é fundamento.** Se você quiser realizar alguma coisa na vida, terá de trabalhar muito, não existe segredo nem atalhos. E o trabalho árduo não são os posts bem editados do Instagram; ele é feio e doloroso, o trabalho duro no escuro, nos bastidores, quando ninguém está olhando. Se você quer algo, vá buscar – crie seu caminho;

8. **Ouça mais e discuta menos.** Você já notou que as pessoas mais argumentativas raramente persuadem alguém? As pessoas mais persuasivas não discutem – elas observam, ouvem e fazem perguntas;

9. **Discuta menos, convença mais.** A persuasão é uma arte que requer um pincel, não uma marreta. Pense nisso;

10. **Valorize sua genialidade.** Trabalhe na sua zona de gênio, ou seja, onde seus interesses, paixões e habilidades se alinham. Operar na sua zona de gênio significa jogar jogos que você está perfeitamente preparado para vencer;

11. **Gentileza gera gentileza.** Ser gentil com as pessoas deveria ser a premissa básica em qualquer situação. A bondade continua severamente subestimada. Promove relacionamentos, reduz o estresse e a ansiedade e melhora a felicidade geral. Quando você é consistente e genuinamente gentil, você se torna um ímã para as pessoas da mais alta qualidade;

12. **Invista a longo prazo.** A vida é um jogo longo e indefinido. Quanto mais você se preparar para os resultados, mais satisfatórios eles serão a longo prazo, e maiores são as chances de construir jornadas mais sólidas e estruturadas. Em um mundo de pessoas que buscam gratificação instantânea, essa é uma vantagem significativa;

13. **Entenda sobre equity.** Entender sobre o longo prazo significa entender que nada é mais indicado do que investir em negócios;

Empreender é libertador

14. **Assuma responsabilidades.** Ser responsável é entender também que a vida não é justa. É uma realidade preocupante. Mas, em vez de desperdiçar energia com cada obstáculo em seu caminho, concentre-se no que você pode controlar e como pode quebrar a parede, como pode lidar com seus problemas. Pare de olhar para fora e passe a olhar para dentro;
15. **Curiosidade e intuição andam juntas.** Aprenda a ouvi-las. Os humanos nascem com uma curiosidade surpreendente. Mas, em algum lugar ao longo do caminho, somos instruídos a parar de fazer perguntas. Quando aprendemos a entender mais nossa intuição, algumas escolhas passam a acontecer de maneira natural e "inexplicável";
16. **Não tenha vergonha de pedir algo.** Em diferentes momentos da vida é necessário contar com o apoio ou ajuda de amigos, parceiros e colaboradores. Logo, nada mais natural que ter que pedir algo a eles, e está tudo bem. Da mesma maneira que em algum momento alguém vai pedir algo para você também;
17. **Humildade nunca perde espaço.** Nunca fique muito grande para fazer o pequeno. Esteja na posição que estiver na vida, nunca fique grande demais para fazer bem as pequenas coisas. São elas que vão ajudá-lo a lembrar que todos somos iguais;
18. **Quedas fazem parte da jornada.** Não tenha medo de cair ou de levar um soco na cara. Você tem que errar mais para ter mais sucesso. Nossos momentos de mais crescimento muitas vezes decorrem diretamente de nossos maiores fracassos. Não tenha medo do fracasso, apenas aprenda a falhar de maneira inteligente e rápida. Levar um soco no rosto constrói uma mandíbula forte;
19. **Positividade e soma.** Adote uma mentalidade de soma positiva. Quer progredir na vida? Comece genuinamente a torcer para que os outros tenham sucesso. Quando um de nós ganha, todos nós ganhamos. Se você adotar essa mentalidade, passará a atrair pessoas da mais alta qualidade;
20. **Eu não sei.** Assuma e entenda o que você sabe – e o que não sabe. "Não sei" não é um fracasso, é um motivador – ou seja, deve inspirar você a aprender. Ninguém gosta de um sabe-tudo. Seja um não-sabe-tudo consciente e animado a aprender sempre mais;
21. **Enfrente os valentões.** Na vida, você vai encontrar muitos valentões – alguns barulhentos e que vão enfrentá-lo; outros quietos e que vão agir

pelas suas costas. Você pode até sentir pressão para se tornar desses valentões e se encaixar em algum grupo assim. Mas, no fundo, é a insegurança que faz deles valentões. Enfrente-os – por você e pelos outros –, de maneira consciente e estratégica;

22. **Vulnerabilidade gera empatia.** O estigma da vulnerabilidade foi quebrado. É normal admitir que não estamos bem. A força vem de nos abrirmos às nossas vulnerabilidades abraçando-as e crescendo a partir delas. Quer ficar forte? Permita-se sentir vulnerável primeiro;
23. **A vida é um sopro.** Nunca deixe para amanhã o que pode fazer ou dizer hoje! Diga às pessoas que você as ama, antes que seja tarde demais;
24. **Sucesso é uma medida particular.** Nunca deixe que alguém diga a você o que precisa buscar ou aonde precisa chegar. Sucesso é uma medida única e intransferível. Então o que é sucesso hoje para você?;
25. **Sempre foi sobre pessoas.** Independentemente do que você faça ou de qual caminho opte por seguir na vida, nunca deixe de valorizar as relações e de se importar com as pessoas que vão passar pelo seu caminho. No final das contas, o que realmente ficam são as pessoas, os sentimentos e as lembranças do que foi construído e compartilhado.

PAIS MENTORES FORMAM LÍDERES, E NÃO HERDEIROS

Qual é a sua maneira de ensinar? Em algum momento você já parou para pensar que a educação em seu sentido literal tem que ser interessante para quem quer aprender? Eu explico: temos que transformar a maneira de ensinar.

Para entender melhor o que quero dizer, coloque o foco no que já aprendeu, e no que está aprendendo agora. E pense em como seria possível compartilhar essas lições de modo a ajudar os outros. Pode ser útil imaginar que se está ensinando a si mesmo no passado, antes de se ter aprendido tudo isso.

Depois, comece a compartilhar o que sabe seguindo estes fundamentos que considero básicos:

- » Não se ensina sem dizer para que serve;
- » Não se ensina ser dar o exemplo correspondente;

Empreender é libertador

» Não se aprende o que não interessa;
» Não se aprende o que não se aplica.

Na prática, ao entender e aplicar esses quatro pontos é possível perceber que quem ensina, ensina alguma coisa a alguém. Quem ensina aprende ao ensinar e quem aprende ensina ao aprender. Além disso, ao desenvolver o aprendizado e a troca proporcionados por esse viés, note que a crença limitante reforçada por anos com base na relação educador-educando passa a não fazer mais sentido nos dias de hoje.

Portanto, se trata, sim, de um desafio; afinal, nem todos estão dispostos a se doar nesse processo de troca e sabemos, ainda, que poucos são aqueles que realmente se dedicam a repassar conhecimento e ensinar os que desejam aprender. E não me refiro apenas àqueles que o fazem como profissão mas também às pessoas que entendem a importância desse ato na vida (e que já foram impactadas por alguém que a ajudaram a perceber o que era preciso para seguir ou já impactaram alguém de tal forma que entenderam a importância de seus atos genuínos).

Não é nenhum exagero afirmar que ensinar é uma arte, e que, na outra ponta, absorver esses ensinamentos e colocar em prática é uma questão de sabedoria e disposição. Note que apenas diante dos acertos e erros que a vida proporciona a todos os seres humanos falíveis, é concedida a oportunidade de transformar-se e propagar esses aprendizados, seja por meio de exemplos, seja através do despertar que suas ações e ideias podem provocar no outro.

Talvez esse seja o grande poder do "ensinar algo a alguém", a chance real de impactar a vida de outras pessoas positivamente e de maneira irreversível.

O que você tem medo de perder? Poucas coisas no mundo são tão poderosas quanto o medo. O medo pode paralisar, distorcer uma realidade e até mesmo iludir. Logo, o desafio para quem deseja evoluir e ter domínio do próprio pensamento e jornada é aprender a treinar a mente para abrir mão de tudo que você teme perder.

Sim, em um primeiro momento assusta o que eu acabei de dizer. Mas nunca se esqueça de considerar também que o medo aparece como uma ameaça a uma determinada situação, que pode ser real ou não. As reações acontecem quando temos a sensação de que "há muita coisa em jogo", "perda de estabilidade", por exemplo, e é quando ativamos o estágio de sobrevivência.

Por isso a necessidade de treinar sua mente para abrir mão do que você tem medo de perder. Assim, quando de fato algo acontecer você saberá lidar melhor com a situação e até mesmo conseguir pensar em como reagir diante dela.

E é válido lembrar, ainda, que o medo é uma emoção importante para respeitar o que está por vir, para identificar as ameaças reais. Mas dominá-lo ao ponto de equilibrar a sua mente para também ignorá-lo ou negá-lo sempre que necessário é fundamental.

Como foi que eu fiz isso? Separei algumas dicas que podem te ajudar:

- Identificando o que eu não queria perder e por quê;
- Descobrindo a origem real do meu medo;
- Combatendo as ideias confusas e equivocadas quando o medo aparecia;
- Deixando os achismos de lado;
- Desarmando as travas com algumas pessoas;
- Vivendo a realidade e valorizando o presente;
- Praticando o autoconhecimento;
- Usando os fracassos a meu favor como aprendizado;
- Planejando o futuro;
- Validando as hipóteses;
- Respirando e pensando antes de agir;
- Evitando palavras negativas;
- Compartilhando meus medos;
- Cuidando da minha autoestima;
- Respondendo às minhas próprias dúvidas;
- Deixando de ser acomodado e satisfeito;
- Entendendo que a tal estabilidade não existe.

Viver assusta ou deixa você animado? Acredito, mais do que nunca, que atualmente você precisa estar preparado para a vida. O que isso quer dizer na prática? Sempre digo que uma das coisas que mais me ajudou na vida profissional e pessoal foi estar preparado, desde muito cedo, para ter força e enfrentar as adversidades da vida (que eu sempre soube que seriam muitas).

Empreender é libertador

>>>> **Quando você tem uma mentalidade empreendedora, e não limito aqui apenas aos que têm negócios, mas mentalidade empreendedora na vida, não importam os dissabores que você venha enfrentar porque a sua mentalidade estará sempre preparada para o que der e vier, e isso, consequentemente, fortalecerá você cada vez mais.**

É assim que recebi minha educação, é assim que eu educo meus filhos. Tenho falado sobre a resiliência há um bom tempo porque sempre acreditei ser fundamental as pessoas desenvolverem a característica de absorver os acontecimentos e se reinventarem de maneira a voltarem a ser o que eram antes ou pessoas ainda melhores, moldadas e experientes. Desenvolver a capacidade de se adaptar às mudanças e ser flexível diante delas a ponto de usá-las a seu favor, por si só é motivo de admiração.

<u>E o mais interessante e o que quero destacar aqui é que, assim como o estilo de vida empreendedor, a resiliência também pode ser aprendida.</u> Pesquisas recentes associam a resiliência com a plasticidade cerebral, a capacidade do cérebro de se adaptar a condições adversas.

Nem todo mundo nasce cheio de ideias e vontade de fazer diferente, mas acredito que todos, principalmente as crianças, podem ser treinadas e adquirir ao longo da vida características para melhorar a maneira com que lidam tanto com os maiores desastres como com os estresses do dia a dia, pode ser também com o empreendedorismo.

Ser empreendedor é muito mais que abrir o próprio negócio, trata-se de uma atitude, da forma de enxergar e encarar as coisas, é uma forma de agir (e reagir), de pensar e de viver. Acredito que as pessoas que absorvem tais características estarão sempre um passo à frente, tanto na vida pessoal como na profissional. Defendo a teoria de que os pais precisam preparar os filhos para o mundo, e não tentar mudar o mundo para eles.

Dê ao seu filho a chance de ver o mundo com outros olhos, o da resiliência e do empreendedorismo, que, juntos, podem ajudar a construir o futuro sonhado e o deixar animado para viver todas essas experiências!

NÃO SIGA A MANADA!

Junte-se a pessoas complementares a você. Sabe aquele famoso e antigo conselho de nossos avós ou pais de que "a gente precisa andar com pessoas melhores que a gente"? Vou além: não apenas melhores como também que sejam complementares. No dia a dia, isso quer dizer procurar se juntar com pessoas que possam agregar algo para a sua vida. Não no sentido negativo de "aproveitar ou explorar", claro, mas com o intuito de andar com pessoas que vão, no mínimo, lhe ensinar algo novo.

Sem contar que é importante sempre estar aberto a novas amizades sinceras. Crie o hábito de buscar amigos leais e generosos (e seja um), mas mantenha as suas velhas amizades mesmo que à distância e, principalmente, desconfie de "amigos" que só lembram de você quando precisam, mas que se esquecem de você quando não está em seus melhores dias.

Na minha vida, coloco em prática o que acabei de dizer. Como estou sempre em contato com centenas de pessoas espalhadas mundo afora, acabo me aproximando de algumas e outras faço total questão de trazer para minha vida pessoal e, às vezes, para fazer parte dos meus negócios. E isso acontece, claro, quando percebo essa sinergia e essa complementaridade.

>>>> **Acredito que é assim que a gente evolui e nunca para de aprender. Convivendo com pessoas que estimulam a gente a ser melhor a cada dia e que tem os objetivos comuns e a mesma visão da vida. Assim se dão as grandes conquistas e transformações.**

Quem são as pessoas à sua volta? Tão importante quanto dar atenção à nossa formação acadêmica, escolhas e condutas é observar como as nossas referências e as pessoas que nos cercam lidam com esses pontos também. A pessoa "caranguejo" é aquela que não consegue ver ninguém subindo que já quer logo puxar para baixo, tal qual um caranguejo em um cesto aberto.

Mas essas são facilmente identificáveis, o problema é quando você não se dá conta de que está em um meio, ou segue uma pessoa nas redes sociais que, além de não agregar nada, atrapalha e influencia suas percepções e visão da vida.

<u>Pense um pouco e responda</u>: em alguma época da sua vida você se tornou uma pessoa mais estressada ao conviver com pessoas igualmente estressadas? Ou viu sua opinião política ficar mais e mais parecida com a de seus amigos?

Empreender é libertador

Um estudo publicado na *Psychological Review* mostrou que nossos círculos sociais também podem influenciar a maneira como enxergamos o mundo.[32] E essa influência pode ter efeitos aparentemente contraditórios: você pode pensar que a maioria das pessoas tem as mesmas opiniões políticas que as suas, mas também pode achar que sua forma de ver as coisas é única. Ou então pode achar que é mais ou menos privilegiado do que o resto do mundo, dependendo de como a sua vida se comparar com a das pessoas do seu grupo.

Assim, tendemos a achar que ninguém mais tem conseguido manter um relacionamento sério, caso nossos amigos estejam todos solteiros ou terminando seus namoros. Ou podemos acreditar que certo tipo de doença é muito mais comum do que de fato é, caso acometa várias pessoas do mesmo círculo.

Percebe o quanto é importante refletir sobre isso e escolher de maneira consciente as pessoas que estão do seu lado e que dividem as suas experiências com você?

Nesse sentido, tente ao máximo ter referências e amigos próximos que inspirem e ajudem você a ampliar seus pensamentos e sua visão do mundo como um todo. Mas cuidado, ainda vale outra observação. Se essa orientação virar imposição e/ou correções ofensivas, isso pode deixar você mal. Ligue o alerta com essa "amizade", pois ela vai desmotivar você e tirar seu foco daquilo que importa de modo negativo.

Além disso, quando a gente estabelece relações saudáveis, tudo ao redor parece fluir nesse mesmo sentido, do que é bom, leve e natural. Não há nada mais gostoso do que estar com pessoas que sempre têm algo a acrescentar em sua vida – de maneira sincera, positiva e que vai estimular você a ser uma pessoa melhor, dia após dia de convivência.

Pense nisto: quem tem dividido sua jornada com você?

Prontos para mudar de maneira definitiva a sua mentalidade e sua forma de lidar com a vida e os negócios? Espero que sua resposta tenha sido um SIM convicto e que agora, nessa última parte do livro, você, leitor, consiga aplicar tudo que aprendeu de agora em diante.

---

[32] PRADO, A. Como as pessoas com quem convivemos afetam nossa forma de ver o mundo. *Superinteressante*. Disponível em: https://super.abril.com.br/coluna/como-pessoas-funcionam/como-as-pessoas-com-quem-convivemos-afetam-nossa-forma-de-ver-o-mundo/. Acesso em: 1 mar. 2023.

PARTE IV

>>>>
MENTALIDADE INVESTIDORA

CAPÍTULO 9

Níveis de consciência aplicados

**MENTALIDADE
VENDEDOR
EMPRESÁRIO/EMPREENDEDOR
INVESTIDOR**

Você já parou para refletir sobre como os seus hábitos influenciam o seu destino?

Os estudos, a informação e o conhecimento geram pensamentos que se transformam em palavras, e as palavras boas ou ruins acabam gerando atitudes. Essas ações têm consequências e, com a repetição, se transformam em hábito. No fim das contas, serão esses pensamentos iniciais e a sequência lógica que traçam seu destino. Se no final você pretende mudar o seu destino, não adianta querer pular as etapas, é preciso mudar em cada uma das etapas anteriores, começando por:

ESTUDOS = PENSAMENTOS -> PALAVRAS -> ATITUDES + AÇÕES -> CONSEQUÊNCIAS COM REPETIÇÃO -> HÁBITO = DESTINO

Níveis de consciência aplicados

O ser humano, para o bem ou para o mal, funciona por meio de hábitos. Mesmo achando que estamos no controle total da vida, o que fazemos basicamente é repetir hábitos o tempo todo. Acordar cedo, andar mais rápido ou mais devagar, fazer certo caminho para ir trabalhar. Tudo, basicamente, parte de hábitos que foram incorporados e fazem parte da nossa rotina.

Um estudo realizado pela Universidade de Duke e publicado no final de novembro de 2020, mostrou que os hábitos são responsáveis por aproximadamente 40% das nossas atitudes diárias.[33] Então podemos supor que, se você não cria bons hábitos durante a vida, acaba perdendo quase metade de cada dia para a improdutividade ou deixando de lado aquilo que é realmente importante.

Ou seja, fica fácil entender a importância de criar bons hábitos porque eles influenciam diretamente o seu futuro, mas colocar tudo em prática é um grande desafio para a maioria das pessoas. Por isso, reuni algumas dicas que podem ajudar você:

1. **Identifique o que motiva você** e crie tarefas diárias que ajudarão você a ir ao encontro de seus objetivos finais;
2. **Não desista logo depois de começar,** lembre-se de que hábitos são criados com base em frequência e constância de ações;
3. **Não crie metas inalcançáveis que só vão frustrá-lo.** E reconheça sua própria evolução e progresso, eles vão ajudá-lo a continuar empolgado nos dias mais difíceis;
4. **Note seus próprios gatilhos.** O corpo e a mente se manifestam de diferentes maneiras, por isso não ultrapasse os próprios limites e busque associar suas atividades e metas com práticas prazerosas;
5. **Estabeleça algumas recompensas.** Ou seja, se alcançar a marca de x dias ou meses focados em alguma atividade, se permitirá fazer alguma coisa que gostaria.

Por fim, nunca é demais lembrar que os novos hábitos a serem implantados devem favorecer a sua rotina. Comece com hábitos mais simples,

---

[33] STELZER, M. Como mudar hábitos e ser mais saudável. **Gama**. Disponível em: https://gamarevista.uol.com.br/semana/tempo-de-mudanca/como-mudar-habitos-e-ser-mais-saudavel/. Acesso em: 1 mar. 2023.

mais prazerosos, que não exijam muito sacrifício. Assim, a tranquilidade de cumprir o objetivo é um incentivo à prática e à repetição.

Ação gera motivação. Você já se deu conta de como a palavra motivação é forte? Perceba que se trata da junção de um MOTIVO + AÇÃO. Ou seja, uma causa, propósito ou objetivo que precisa e deve estar acompanhado de uma ação – disposição para agir; atividade, energia, movimento.

E é justamente a partir dessa energia direcionada e focada proveniente de uma ação que o motivo vai ganhando formato, musculatura. Logo, minha proposta aqui é inverter aquela ideia que geralmente nos é ensinada de que é preciso ter uma motivação forte para agir.

Você espera estar motivado para agir? Seja na vida pessoal ou nos negócios, você pode estar cometendo um erro. E eu explico o porquê do meu raciocínio (além do que já mencionei). A consistência e a disciplina acontecem principalmente quando fazemos algo que não queremos. Fazer quando está motivado e/ou tudo saindo como o desejado é moleza. Consequentemente, nesse contexto favorável, uma série de ações vai derivar desses resultados obtidos até mesmo de maneira natural. Agora inverta o cenário e reflita.

Logo, se você entender que motivação vem de ter motivos e que a ação vai gerar a motivação, é aí que o jogo muda. Quer motivação maior que essa? Independentemente de como as coisas estão agora, com toda certeza elas vão mudar (para o bem ou para o mal).

E é até por isso que em alguns textos meus eu já disse também que defendo a tese do "feito é melhor do que perfeito" porque acredito que somente a prática vai mostrar o funcionamento das coisas. E a prática só é possível por meio da ação, do movimento, do aprendizado de erros e acertos ao longo da trajetória. Essa deve ser a maior fonte de motivação, evoluir, mudar, testar coisas novas e diferentes para obter resultados diferentes.

O empreendedor que resiste às mudanças, que tenta fazer do mesmo jeito que viu seu pai ou alguém fazer há vinte anos, pode pagar caro por essa atitude. Manter a mente aberta para as novidades é o que manterá você bem no jogo, motivado, focado. Em vez de nadar contra a correnteza, use as inovações tecnológicas e do mercado ao seu favor e para gerar mais ações, por exemplo.

Se as mudanças estão cada vez mais comuns, aprenda a abraçá-las e a se tornar cada vez mais forte com elas e para manter-se sempre motivado e atuante. Seguir o fluxo pode te ajudar a encontrar o seu caminho:

MENTALIDADE INVESTIDORA

Para respaldar esse conceito, eu preciso contar que eu não era investidor anteriormente, não tinha a mentalidade que tenho hoje.

E, para conquistar tudo que conquistei e chegar até aqui, foi *inevitável* que a primeira mudança acontecesse comigo.

Eu era *vendedor* de produtos de terceiros. Depois me tornei *empresário*, dono de empresas, na sequência *empreendedor* de vários negócios, até me tornar o *investidor* que sou hoje. Mas por que estou dizendo isso? Para você perceber, com base em fatos e na prática, que o que funcionou para mim pode ser útil para você.

Algumas definições iniciais precisam ser feitas para que você, leitor, entenda a profundidade de tudo que estou apresentando aqui, partindo das diferenças entre empresários, empreendedores e investidores.

» **Empresário:** podemos considerar que o empresário é quem escolheu abrir uma empresa. É importante que ele tenha bons conhecimentos em gestão – finanças, marketing, planejamento, controle, de pessoas e vendas. Um empresário que exerce os seus atributos como gestor e pensa necessariamente em lucro, pró-labore, dividendos e pelo giro do negócio, desenvolve ações de curto prazo;

- » **Empreendedor:** resolve problemas, quer construir negócios, sabe vender e se torna atraente para buscar investidores e clientes. Faz mais do que é demandado e ganha dinheiro como consequência do próprio esforço e trabalho. O empreendedor tem liberdade para trabalhar com o que quer e gosta e conquistar resultados com isso. Ele toca o seu negócio como prazer, geralmente faz o que gosta;
- » **Investidor:** empreende por meio dos negócios dos outros, faz o dinheiro trabalhar para ele, compra ativos e não passivos. O investidor busca maneiras de diversificar e fazer seu dinheiro crescer e trabalhar para ele por meio de investimentos. Pensa sempre a médio e longo prazo. Vale destacar que existem diversas modalidades de investimento, conforme o perfil de cada um. Seja investir em um negócio, renda fixa, renda variável, imóveis, entre outros.

Resumindo, o empreendedor e o empresário são *builder* e estão diariamente na empresa, desenvolvendo, tomando decisões e fazendo ações estratégias. O investidor, em geral, financia os projetos, mas não se envolve muito no dia a dia do negócio, tendo apenas uma participação em troca de equity. Além disso, ao contrário de empreender, em que, geralmente, você está trabalhando com apenas um negócio, ao investir é possível diversificar e investir em vários tipos de negócios ou até outras opções de investimento. Assim, quando algo não está bom na sua carteira de investimentos, outra modalidade pode suprir as perdas e você pode focar naquilo que está trazendo maior retorno e gerando maior segurança.

Dito isso, partimos agora para o segundo ponto de atenção, que abrange o conceito de riqueza. É claro que tanto riqueza como sucesso são conceitos e medidas totalmente relativas e individuais. Mas, de modo geral, riqueza está vinculada à renda passiva, que se pode obter a partir do investimento financeiro. E isso não está ligado, necessariamente, ao acúmulo de um volume gigantesco de dinheiro, mas, sim, ao estilo de vida que se quer ter.

A definição básica de riqueza é ter liberdade e uma renda constante e perpétua que financie o estilo de vida desejado por você. Nesse sentido, alcançar a riqueza não é um sonho tão distante para muitas pessoas. Basta ganhar mais, gastar menos, investir antes de gastar em vez

Níveis de consciência aplicados

de investir o que sobra, em boas aplicações financeiras. Há pessoas que, mesmo a partir de uma renda modesta, alcançaram riqueza pessoal em poucas décadas.

Sim, décadas. Ficar rico demora. E demora porque a construção da riqueza é um processo que pode ser resumido em aportes constantes e reinvestimento integral da renda obtida pelos investimentos até o ponto em que a renda passiva e ativa obtida no processo supere suas necessidades financeiras diárias. Como a riqueza está necessariamente vinculada à formação de um patrimônio (líquido e também ilíquidos) que – como eu já disse, é um processo e leva tempo – você terá que aprender na jornada e as técnicas necessárias para alcançar esse objetivo.

>>>> **E é aqui que entra o poder da mente. Existe um entrave que pode ser um limitador ou um verdadeiro potencializador. Nossa mente, fruto de nossas crenças e emoções, é dona de nossas ações, que vão direcionar os resultados a médio e longo prazo.**

E uma coisa é certa: ser capaz de adotar a mentalidade correta para o enriquecimento é a chave de tudo que estou falando aqui.

Na prática, isso significa pensar com cabeça de investidor. Quando era vendedor nos anos 2000, eu trabalhava por metas e desafios. Eu e meu time buscávamos clientes compradores, montando estratégias para alcançar nossos objetivos que era *vender*. Com o passar dos anos fui aprimorando as técnicas e passei a entender que, para ampliar as vendas e me perpetuar na atividade, além de ser agressivo em vendas, eu precisava me portar como *assistente* dos clientes. Posição muito difícil, pois a venda ficava muito personalizada e o ciclo da venda aumentava consideravelmente, mas, apesar disso, passamos a ter fidelização. Ou seja, saímos de somente números de novos clientes mensais para também ter e manter a constância de consumo.

Além disso, comecei a pensar em ecossistema, fazia tudo pelos colaboradores e vendedores autônomos, desde reuniões, treinamentos, capacitações extras com o tema vendas e até programas de benefícios envolvendo os familiares deles. Entendi que se os vendedores estivessem preparados dentro do conceito do foco *do* cliente, e não mais *no* cliente, e estivessem com a mente fortalecida, todo o resto seria consequência.

INEVITÁVEL

Ao fazer isso, fui buscando ferramentas de autoconhecimento e autorresponsabilidade e fui também me moldando e entendendo o melhor jeito de empreender e os conceitos do empreendedorismo. Naquela época, eu já tinha outros negócios, mas minha mentalidade até aquele momento era de *empresário*. Ao começar a moldar meu time de vendas, mudei completamente minha maneira de ver e enxergar negócios. Abandonei, então, da mentalidade empresarial do curto prazo, do ganho imediato, da negociação e do lucro, para reinvestimento o máximo possível, para olhar outras oportunidades, para formar novos líderes, para criação de um ecossistema e ambiente interno que fosse essencial para quem trabalhasse comigo e, claro, ganhar dinheiro como consequência desse trabalho; então entendi o que era *empreender*.

Ou seja, com a gestão do time de vendas, entendi que aquilo era empreender, que eu não era um empresário dono da empresa representante de vendas, eu era um empreendedor que buscava resolver problemas e que queria fazer crescer não somente meus lucros, mas melhorar a vida das pessoas que trabalhavam comigo.

Note que quando você está na posição de empreendedor você precisa captar, "vender o seu peixe", precisa de ajuda, de mentoria, de muitas portas abertas e acessos.

No entanto, quando você se coloca na posição de investidor, automaticamente você se coloca na posição oposta. Mesmo que ainda não tenha investido efetivamente, passa a pensar e a agir com o objetivo de ajudar e influenciar a vida dos outros. Com mentalidade investidora, você não pensa apenas no ganho pessoal. Assim, o pensamento do longo prazo começa a fazer cada vez mais sentido também.

E quando você tiver dinheiro, apenas vai passar a investir o dinheiro também, além do seu tempo e conhecimento, mas de acordo com uma mentalidade e percepção existentes e fazem parte da sua vida e da sua visão de mundo. E isso não tem nada a ver com *ser fake* ou fantasiar uma posição; é sobre fortalecer sua mente sobre o que quer para a sua vida.

Foi assim que aconteceu comigo, quando recebi um *não* de investidores em 2008, quando apresentei meu negócio para investimento. Isso me fortaleceu e, em vez de ficar chateado, busquei informações sobre o que aqueles homens faziam e como eles chegaram até ali. O que pensavam, quanto investiram, em que investiam, qual a tese deles, enfim, eu os *modelei*. No fim das contas, queria ser eles, de modo positivo, é claro! E de fato, me tornei – mesmo sem ter dinheiro suficiente para fazer aquilo naquele momento. Entendeu a chave do pensamento?

Eu me coloquei como exemplo para que a mentalidade investidora pudesse ser personificada. Como o relato breve da minha história e de minhas descobertas, fica claro que onde quer que você esteja hoje o desafio é treinar sua mente para enxergar além da realidade atual e projetar o que deseja de maneira consciente e estruturada e se colocar no lado certo da "força" mental.

Até porque, meus amigos, as pessoas de mais sucesso no mundo *investem* e/ou criam *negócios*.

Não existe fórmula mágica, e sim muito trabalho e direcionamento para canalizar de maneira certa a energia e foco no que interessa. Quando a mente, o corpo/comportamento e as ações caminham juntos, a mentalidade investidora já foi incutida.

O JOGO INFINITO

Em geral, toda empresa nasce com o objetivo claro de crescer, ganhar espaço no mercado e se tornar referência. A questão é que, considerando as mudanças proporcionadas pela nova economia, negócios que *não* desenvolvem uma visão ampla do jogo infinito do mercado, ficam "cegas" pelas metas, pela competição, pelo crescimento, pela manutenção do negócio, ganhos imediatos e algumas até pela ganância e muito provavelmente vão se perder com chances inclusive de serem "engolidas" por aqueles que aprenderam a jogar esse jogo.

No livro *O jogo infinito*, Simon Sinek[34] apresenta a importância de se ter um pensamento infinito, e como essa ideia levou o homem à Lua, ascendeu sociedades, gerou grandes avanços na ciência e na medicina e fez com que pequenas empresas se tornassem superpotências. A maneira com que vemos e traçamos nossos objetivos – na vida e nos

[34] SINEK, S. **O jogo infinito**. Rio de Janeiro: Sextante, 2020.

negócios – diz respeito com o modo como lideramos, resolvemos problemas, aproveitamos oportunidades ou fracassamos.

Após chegar no objetivo planejado e almejado, naturalmente é necessário *reformular* o nosso *propósito*. Mudar a mentalidade e a estrutura para fortalecer o ambiente do ecossistema. Essa *cultura* traz toda a operação junto de uma empresa.

>>>> As coisas mudam quando você olha menos para o próprio bolso, menos para a competição, menos para o curto prazo e passa a agir com visão de longo prazo e no jogo infinito, que tem menos regras fixas, imexíveis e muito mais flexibilidade. Sabendo e priorizando o fato de que as pessoas são o principal insumo de uma empresa e, que ao fortalecer o senso de comunidade e contribuir com o seu ecossistema, torna-se de uma maneira saudável em um contexto em que todos ganham.

Como conceito, no jogo infinito, existe uma visão muito mais ampla. Você percebe, por exemplo, que seus concorrentes não são necessariamente empresas e pessoas que estão no mesmo nicho que você. Em uma economia global e sem barreiras geográficas, o desafio passa a ser desenvolver, manter relacionamento e atender de maneira essencial e prioritária os seus stakeholders.

E o mais importante aqui é o fato de que o objetivo desse jogo não é *ganhar*. Mas se perpetuar no jogo infinito faz com que sua marca se torne *lendária* e consequentemente aumente o seu *equity*.

Em jogos finitos já sabemos quem são os jogadores, quais são as regras do jogo e qual o objetivo para alcançar a vitória. Em jogos infinitos, não conhecemos todos os jogadores, não há regras estabelecidas, nem um objetivo final. Futebol, por exemplo, é um jogo finito, no qual existem regras claras sobre o número de jogadores, tempo da partida e penalidades. Já quando se trata de negócios, justamente por essas características, o jogo infinito é jogado por quem tem mentalidade investidora e começa a dominar a visão e modelos de gestão das empresas mais modernas com o propósito de gerar equity e em ser útil e essencial ao seu mercado.

E como bem lembra Sinek em seu livro, só começam a jogar esse jogo empresas que sabem qual é a sua verdadeira missão, sua responsabilidade

Níveis de consciência aplicados

nos negócios, a influência de equipes de confiança e como aprender com seus concorrentes. E é aí que entra a coopetição, estratégia de negócios que combina as características da cooperação e da complementaridade para construir ecossistemas mais fortes e representativos e que ofereça cada vez mais oportunidades.

E você e a sua empresa, já entraram no jogo infinito? Caso ainda não, espero que esteja pronto para entrar e jogar com total domínio das suas habilidades e limitações. Para isso, é preciso entender também a importância de olhar primeiro *aquém*, antes de olhar *além* do óbvio. Isso porque em um mundo de rápidas e profundas mudanças, aprender a antecipar tendências muda você, sua maneira de ver e aproveitar as oportunidades que estão em volta.

<u>Os grandes inovadores são aqueles que têm o pensamento não óbvio.</u> Já há algum tempo tenho falado bastante sobre a necessidade de olhar e enxergar além do óbvio. Na prática, isso significa ver o que nem todos conseguem, mesmo que estejam olhando para a mesma direção, as mesmas oportunidades e cenários.

>>>> **É claro que essa não é uma tarefa fácil, afinal, a maioria das pessoas vai continuar sem perceber tudo que poderiam desenvolver, realizar. E, justamente por isso, o primeiro ponto a se considerar aqui é a necessidade de investir primeiro em autoconhecimento, no sentido pessoal, para se conhecer e entender seus limites. E sabe por que esse é o primeiro passo? Só depois de olhar para "dentro da caixa" primeiro e conhecer profundamente todos os seus aspectos, potenciais e falhas, que se torna possível sair dela, olhar para "fora da caixa" e aplicar tudo que precisa para obter os resultados desejados.**

Perceba que, segundo as próprias definições das duas palavras, *além* significa mais longe, afora ou para o lado de fora, mais afastado, superior em quantidade ou qualidade. Também pode ser usado para se acrescentar algo ao que já foi dito. *Aquém* significa mais perto, dentro ou para o lado de dentro, inferior em quantidade ou qualidade.

E olha que interessante. Tanto um como o outro são usados com pontos referenciais em perspectivas diferentes. Afinal, mais longe, para mim, pode ser mais perto para você. Nesse sentido, é preciso dizer "além" ou "aquém" e apontar um critério, um lugar. É o mesmo que acontece com menor e maior: você pode dizer que algo ou alguém é grande ou pequeno (a ideia do mediano está implícita), mas não que algo ou alguém é maior ou menor sem apontar o referencial.

São elas, as referências, que nos ajudam a enxergar e se movimentar no sentido do seu desejo, objetivo. Algo é "maior do que" ou "menor do que", não simplesmente "maior". Da mesma maneira, algo está além (ou aquém) do esperado, além (ou aquém) do ponto indicado.

Por isso, reforço a importância de um olhar diferente em relação ao *aquém* no sentido de *não óbvio*, antes de olhar *além* do óbvio. Seguindo esses passos e essa sequência, torna-se possível "prever" as novidades e tendências que vão revolucionar o mercado e impactar o seu negócio, por exemplo. Como? Continue a leitura que vou mostrar a você como isso se torna treinável e pode mudar a sua vida definitivamente. Afinal, uma vez que você passa a enxergar o mundo à sua volta com outros olhos, a estrada se expande e é um caminho sem volta.

Rohit Bhargava é especialista em inovação e curador de tendências. É também o autor do livro *Não óbvio*.[35] Para ele, e nessa obra, fica claro que "o futuro vai pertencer às pessoas treinadas para ver o que as outras não veem".

Como as tendências representam conceitos centrais da obra de Bhargava, é imprescindível determinar sua conceituação. De acordo com Bhargava, uma tendência consiste na "observação, com curadoria, do presente em aceleração". Dito isso, as tendências são importantes porque envolvem uma mudança no comportamento ou nas crenças humanas. Elas diferem dos "modismos", que não duram muito e, tampouco, geram mudanças permanentes. São, portanto, bússolas apontando para futuras possibilidades. Bhargava critica as previsões futurísticas, sem base na realidade e com baixa probabilidade de acontecerem.

Ele argumenta, ainda, que suas "tendências com curadoria" têm grande possibilidade de ocorrerem, pois estão fortemente ancoradas

---

[35] BHARGAVA, R. **Não óbvio**. São Paulo: Buzz, 2021.

no presente, representando alterações significativas nas maneiras pelas quais as pessoas vivem e interagem com o mundo. Nos últimos dez anos, o "Relatório de Tendências não Óbvias", publicação anual de Rohit Bhargava, ajudou mais de 1 milhão de leitores a descobrir mais de cem tendências que mudaram definitivamente nossa cultura.

Logo, a primeira grande chave dessa linha de raciocínio é o fato de que você não precisa ser um futurologista ou grande inovador para aprender a pensar como um deles. A chave para fazer seu negócio crescer ou impulsionar sua carreira está em um melhor entendimento sobre o hoje, ou seja, sobre o presente.

Sim, o futuro pertence a pensadores não óbvios. E são as megatendências revolucionárias que estão transformando à nossa maneira de trabalhar, agir e pensar. Nesse sentido e percepção, se torna imprescindível, como bem lembra Bhargava: "aprender a curar, prever e identificar tendências para si mesmo e para o mundo ao seu redor". Lembra do autoconhecimento que falei no começo?

No livro de Bhargava, a ideia ou mensagem central é estimular os leitores para que eles possam aprender a ver o que ninguém mais vê. Podemos desenvolver a habilidade de notar o que os outros ignoram, e assim conquistar o futuro. Essa construção passa por se tornar um aprendiz vitalício, curioso sobre o mundo e capaz de ver, entender e esperar coisas que outras pessoas não veem.

Essa habilidade para entender padrões, identificar intersecções e enxergar além da esquina para desenvolver uma observação do que o futuro pode trazer consiste em "juntar todas as peças". A abordagem de *Não óbvio*, como ela pode mudar sua vida?

OS 5 MINDSETS DOS PENSADORES NÃO ÓBVIOS

Ao longo do livro *Não óbvio*, o autor apresenta os 5 mindsets dos pensadores não óbvios:

» **Mindset não óbvio nº 1 – Ser observador.** Prestar atenção ao mundo e treinar a si mesmo para notar os detalhes que os outros deixam passar. Ser observador não tem a ver simplesmente com

INEVITÁVEL

enxergar as grandes coisas. Também tem a ver com treinar-se para prestar atenção nas pequenas coisas. O que você vê em uma situação que outras pessoas deixam passar? O que os detalhes que você nota ensinam sobre as pessoas, os processos e as empresas, e que não conhecia antes? E como você pode usar esse conhecimento para vencer, mesmo que essa vitória seja pequena?;

» **Mindset não óbvio nº 2 – Ser curioso.** Fazer perguntas, investir em aprendizado e abordar situações desconhecidas com uma atitude de admiração. Nós, seres humanos, somos naturalmente curiosos, mas muitas vezes enterramos nossa curiosidade porque ela pode parecer distração. É mais fácil seguir em frente do que parar e explorar alguma coisa nova com mais profundidade. Até mesmo o conhecimento pode nos impedir. Quanto mais sabemos sobre um assunto, por exemplo, mais difícil se torna pensar fora desse nicho em específico e ampliar nossa visão. Psicólogos descrevem esse fenômeno como "a maldição do conhecimento";

» **Mindset não óbvio nº 3 – Ser inconstante.** Guardar ideias interessantes para consumo posterior sem analisá-las excessivamente no momento. A melhor maneira de matar o flow de uma sessão de brainstorm é lidar com ideias individuais. Ideação e análise são etapas que precisam de um tempo para serem eficientes. O significado de ideias e as conexões entre elas aparecem somente depois de as ideias serem deixadas de lado. Coloque ideias em uma gaveta ou baú para serem analisadas mais tarde;

» **Mindset não óbvio nº 4 – Ser pensativo.** Dedicar um tempo a desenvolver um ponto de vista significativo e considerar outros alternativos. Para ser mais pensativo, é preciso lembrar-se de parar por um momento e considerar os pensamentos divergentes das pessoas à nossa volta. Especialmente aquelas que podem não pensar como nós. Precisamos estar atentos quando lemos qualquer coisa, às vezes buscando várias fontes para a mesma história;

» **Mindset não óbvio nº 5 – Ser elegante.** Abordar ideias ou insights de maneira mais bonita, deliberada, simples e compreensível. Quando você elimina palavras desnecessárias, consegue destilar suas ideias e torná-las mais fáceis de entender.

LEI DOS RENDIMENTOS MARGINAIS DECRESCENTES

LEI DOS RENDIMENTOS MARGINAIS DECRESCENTES		
Padeiros	Nº de pães	Produtividade individual
1	50	50
2	120	60
3	160	53,3
4	190	47,5
5	210	42
6	210	35
7	190	27,1

Por que um investidor precisa entender a condição do *côncavo* e do *convexo*?

Em um primeiro momento sei que essas duas palavras podem parecer estranhas e até mesmo pouco familiares para quem está inserido no universo dos investimentos. Mas não tenha dúvida de que mais do que entender o que elas representam é preciso ter consciência do impacto que elas podem causar a médio e longo prazo na sua vida como investidor.

Ao se encontrar em um estado côncavo, um investidor – por meio de suas escolhas na hora de distribuir seus investimentos – opta por caminhos em que seus lucros não ultrapassam certo patamar, enquanto suas perdas podem ser grandes. Basicamente é quando sua perda, no geral, tende a ser muito maior que a possibilidade de ganho. Exemplo: quem busca enriquecimento rápido por meio de tipos de operações com derivativos, por exemplo. Esses lhe possibilitam operar alavancado. O risco da perda (da ruína) será maior que o benefício do lucro. Um exemplo claro de investimento côncavo é emprestar dinheiro sem garantia. O máximo que se pode ganhar é o juro preestabelecido na operação, enquanto o credor pode facilmente perder todo dinheiro caso o devedor vire inadimplente.

No estado convexo, por sua vez, não existe essa iminência onde um único erro pode ser fatal. Aqui, de maneira consciente o convexo possibilita perdas limitadas e ganhos ilimitados. É o cenário ideal para quem tem aversão ao risco e busca um enriquecimento mais sólido com o passar do tempo. Exemplo: os investimentos em ações para o longo prazo. É na convexidade que alguns investidores destinam, por exemplo, uma pequena parte da carteira a investimentos mais especulativos, como é o caso do bitcoin. A perda máxima prevista é o valor a qual foi exposto, em contrapartida, os ganhos podem ser exponenciais.

Por conta dessa propriedade exponencial de alguns tipos de ativos (como ações), manter pequenas exposições em uma grande quantidade de ações diferentes pode ser uma boa maneira de potencializar o retorno de uma carteira. Além disso, investimentos que lhe possibilitem ganhos limitados ao ponto que o expõem a perdas ilimitadas (catastróficas) não é uma maneira salutar de pensar na sensatez do investimento a longo prazo. É importante mencionar ainda que não é porque um investimento é convexo que ele não pode levá-lo à perda máxima. Isso deve ficar muito claro. Não é porque investir em bitcoin é convexo que iremos nos expor 100% a ele; do mesmo modo com ações, fundos imobiliários ou qualquer outra classe de ativos.

Ter noção e reconhecer investimentos que são côncavos e convexos é extremamente importante para quem busca acertar mais, potencializar os ganhos e perder menos. E, de novo, nunca é demais lembrar que ter uma carteira de investimentos bem diversificada e composta com ativos que sejam convexos é uma maneira inteligente de investir no longo prazo, evitando o risco extremo, possibilitando ganhos superiores e de maneira "controlada". Nunca deposite todos os ovos em uma única cesta. E nunca invista apenas em ovos.

A nova economia tem suas particularidades, como agora você já sabe. E aprender a observar as movimentações que estão acontecendo no mercado é praticamente o fundamento-base para quem deseja criar ou investir em negócios atualmente. E a própria instabilidade dentro do próprio país (mas que impactam diretamente na economia e mercado) exige que os investidores direcionem seus investimentos para diversificação e para opções descorrelacionadas, e é o que vou mostrar agora.

Primeiro, para quem ainda não conhece o termo, os ativos considerados descorrelacionados nada mais são do que investimentos que sofrem menos com as volatilidades do mercado financeiro. Ou seja, independentemente do cenário eles não vão valorizar e desvalorizar no decorrer do dia ou da semana, como acontecem com alguns outros tipos de investimento. E ao considerar a necessidade dos investidores em diversificar suas alocações, esses ativos descorrelacionados fazem mais sentido ainda.

▶▶▶▶ Outro ponto que merece atenção nesse contexto é o fato de que existem poucas opções descorrelacionadas no mercado financeiro brasileiro. Porém, existem opções menos tradicionais, que oferecem rentabilidade atrativa a longo prazo e que servem de blindagem para as carteiras em momentos como o atual, como as startups.

Investir em startups é uma opção para fugir da volatilidade provocada pela disputa eleitoral e pelas crises mundiais, por exemplo. Por quê? É simples, os resultados dessas empresas sofrem zero influência de qualquer política governamental ou de qualquer decisão do Banco Central (BC) sobre a taxa Selic.

Startups são empresas geradoras de capital produtivo, e você passa a investir diretamente nelas. Não é como na Bolsa, em que o discurso do político A ou B faz com que as ações subam ou desçam.

Basicamente a grande chave aqui é a constatação de que a questão da diversificação não foca necessariamente o maior retorno, mas sim a melhor relação risco *versus* retorno possível, que deve ser o principal objetivo buscado por qualquer investidor. Ainda sobre os benefícios dos ativos descorrelacionados, estrategicamente eles podem servir com um escudo e proteger seu patrimônio a longo prazo. Afinal, possibilita ganhos mesmo em períodos de crise de instabilidade no cenário nacional.

É importante que você defina qual o percentual do seu patrimônio gostaria de investir em cada classe de ativos que você tem. Assim, equilibrando esses valores entre tipos de investimento descorrelacionados.

CAPÍTULO 10

A construção de um novo mindset

- MODELO DE NEGÓCIO
- REPETÍVEL
- ESCALÁVEL
- CONDIÇÕES DE INCERTEZAS

A PERGUNTA É?
Qual o propósito do que você vende?

Como a consciência empresarial pode mudar a sua vida? E, sim, vida, porque, uma vez entendida e aplicada, essa consciência torna-se um fundamento estrutural que cabe e se encaixa em qualquer processo e, consequentemente, influencia as ações que

A construção de um novo mindset

levam aos resultados. Ou seja, por meio da compreensão dos aspectos que formam a consciência, sua percepção muda, e essa mudança de visão e de comportamento precisa ir além do seu negócio.

Com as recentes e profundas mudanças que caracterizam a nova economia, os negócios mudaram, mas a grande mudança é social – de pessoas para pessoas. Na prática, isso significa que embora as soluções estejam cada vez mais inovadoras e com base tecnológica, quem não entende de gente não será capaz de liderar e se relacionar com seus colaboradores, parceiros comerciais, clientes.

Logo, a consciência empresarial é pautada pelo empresário empreendedor, aquele que aposta em negócios inovadores, escaláveis, na gestão ágil, no controle e na governança, mas com base na mentalidade de equity, ou seja, a longo prazo. E essa figura já sabe também que uma empresa nasce para ser herdada, perdida, vendida ou investida.

Certamente agora você já entendeu por que eu disse que essa mentalidade serve para qualquer tipo de empresário que deseja mudar o rumo da sua vida e elevar seu nível de consciência. Por onde começar? Resolva problemas, não os invente. Ciclos que se repetem e não são quebrados de maneira consciente levam aos mesmos resultados e lugares.

Além disso, na nova economia é preciso desenvolver novas competências para se manter e vencer no mercado. E elas basicamente passam pela competência emocional, empreendedora, pelo autoconhecimento, insatisfação e visão para além do óbvio ou confortável.

E para isso é preciso pensar dentro da caixa! Desenvolver a mentalidade de investidor quer dizer que você pensa e se comporta mental, empresarial e socialmente como um. Estou me referindo a *comportamento*.

Dito isso, após compreender os 5 níveis de consciência já apresentados no livro, para aplicá-los com excelência e assertividade, você precisa desenvolver:

1. **Mentalidade investidora.** Existe um entrave que pode ser um limitador ou um verdadeiro potencializador. Nossa mente, fruto de nossas crenças e emoções, é dona de nossas ações que irão direcionar os resultados a médio e longo prazo;
2. **Inovação é obrigação.** A busca pela inovação, por si só, não garante mais destaque ou diferencial no atual mercado. Desenvolver um

negócio inovador é básico, para entrar no jogo infinito, suas bases precisam estar sólidas e bem estruturadas;
3. **Jogo infinito.** Considerando as mudanças proporcionadas pela nova economia, negócios que *não* desenvolvem uma visão ampla do jogo infinito do mercado ficam "cegas" pelas metas, pela competição, pelo crescimento, pela manutenção do negócio, ganhos imediatos e algumas até pela ganância e muito provavelmente vão se perder com chances inclusive de serem "engolidas" por aqueles que aprenderam a jogar esse jogo;
4. **Learning organization.** Define as empresas que estão em constante aprendizado, que evoluem e se aperfeiçoam à medida que nossos colaboradores ganham novos conhecimentos e experiências;
5. **O poder do equity.** De quantos negócios você deseja fazer parte? Independentemente da quantidade, você precisará entender e colocar em prática a mentalidade equity, que é a participação acionária em empresas inseridas na nova economia. A ideia do livro *O poder do equity* está totalmente atrelada à "riqueza invisível" que existe nos negócios e na nova economia. A questão é que ainda poucos conseguem entender e aplicar. Afinal, não é simples desenvolver uma visão de longo prazo e aprender a aproveitar melhor as oportunidades desse novo mercado.

São esses conceitos e consciência que vão lhe permitir jogar o jogo da nova economia e subir de nível. Não existem atalhos, não existe meio-termo ou soluções paliativas. Quem não compreender e aplicar os 5 níveis de consciência, infelizmente, está fadado ao esquecimento daqueles que não se adaptam e deixam de existir no meio do caminho.

Todos os dias há novos negócios nascendo e crescendo no mundo inteiro. Ainda assim, apenas uma parcela consegue escalar e manter seu crescimento constante. O que percebi nesses anos de estrada é que os empreendimentos que prosperaram de alguma maneira, independentemente do objetivo de cada um, tinham em comum esse fator, o equilíbrio, a constância, a não oscilação ou perda de foco.

O fato é que o mundo dos negócios exige um equilíbrio que nem todos apresentam – não adianta uma pessoa achar que é equilibrada, ela precisa ser coerente consigo mesma e são suas atitudes e ações que vão ou não comprovar seu autocontrole – e ele precisa estar localizado

A construção de um novo mindset

entre o conhecimento, a esperteza, a autoridade, a sabedoria, a simplicidade e o trabalho. Fracassar em algum desses pontos pode custar um sonho e um empreendimento.

Uma dica que pode ajudar a encontrar esse equilíbrio desejado está em manter-se centrado e lembrar de onde veio e para que veio, isso pode ajudar você a se manter firme na estrada em meio ao turbilhão de emoções que somos submetidos e desafios diários, sem perder o rumo em direção ao que você almeja como sucesso.

>>>> **E nunca é demais lembrar que, por outro lado, pessoas cheias de certezas, sem compaixão e com ego inflado, em geral fracassam em algum ponto da jornada. Certamente porque deixaram de equilibrar e perceber o que realmente importa.**

Por fim, meu último conselho é que você busque se manter atento aos pequenos sinais e não se permita deixar levar pela sede de sucesso por meios duvidosos e que não vão ao encontro de seu propósito. A hipocrisia e a incoerência são inimigas dos bons negócios e da própria evolução pessoal em si. E a falta de equilíbrio na sua vida pode levar a lugares indesejáveis e de difícil retorno. Pense nisso e esteja atento aos sinais.

Note que o ideal, como mencionei, é saber quem você é e por quê. Situações mudam, mas caráter não. É preciso estar consciente dos papéis que exercemos quando estamos em uma posição de interação e relacionamento com outras pessoas, principalmente no trabalho, para que as nossas decisões sejam equilibradas e tomadas com base na essência do problema, e não somente sob a ótica de um momento.

GATILHOS E CONTROLE EMOCIONAL

Quebrar um negócio é o primeiro passo para reconstruir o futuro. Ainda no Brasil, diferentemente de alguns países, vivemos a falsa ilusão de que pessoas bem-sucedidas não erram, não falham. Um mito, claro. Dificilmente um empresário ou empreendedor vai acertar tudo na primeira tentativa e criar a sua empresa dos sonhos sem cometer erros. Mais ainda: me arrisco a dizer que quem constrói grandes negócios provavelmente já quebrou outros ou antes testou de outras formas para encontrar sua fórmula para "fazer dar certo".

É fato que ninguém gosta de ficar em evidência por um fracasso ou porque cometeu um erro que culminou com o fim de um projeto. <u>Mas é preciso entender também que é necessário falar sobre isso com mais leveza e até mesmo sem muita carga emocional.</u> E sabe por quê? Muitas pessoas que talvez estejam começando agora se cobram ao extremo por acharem que seus ídolos ou pessoas que admiram construíram tudo que têm à base apenas de acertos e vitórias.

Não estou incentivando que as pessoas postem suas frustrações em redes sociais, mas que entendam como é importante às vezes falar sobre seus medos, seus erros do passado, sua evolução e, claro, suas conquistas. Tornar humano esse processo só vai aproximar quem o segue, afinal, não existe nada mais libertador e inspirador do que a sensação de se identificar com o outro e entender que "assim como ele ou ela você também pode conseguir".

O que penso sobre quebrar? Recomeçar é uma nova oportunidade que Deus e a vida nos concede para consertar e reconstruir o futuro. As pessoas sempre me perguntam como eu me mantinha sempre positivo mesmo enfrentando dificuldades, e eu respondo perguntando: "Como você permanece tão negativo mesmo não tendo dificuldades?". Pensamentos negativos nunca lhe trarão resultados positivos. Então, para recomeçar, é preciso transformar todos os obstáculos em ativos, cada um deles. É preciso também mudar o "coitadismo" no storytelling do "era uma vez" para o protagonismo do "desta vez".

O que fica para sempre é o seu legado. Você será lembrado por isso! Pelo que fez, incluindo seus erros e principalmente pelo que não desistiu. Aceitar que cometer erros faz parte do caminho é o primeiro passo para se perdoar e recomeçar. E acredite, você não está sozinho, às vezes o "fundo do poço" pode ser um lugar de enorme aprendizado e reflexões.

Centenas, milhares de empreendedores mundo afora não desistiram após chegar perto da falência e deram a volta por cima com muita persistência e coragem. Qualquer pessoa que pretende se arriscar no mundo dos negócios deve saber, de antemão, que o caminho para o sucesso é longo e cheio de armadilhas. No meio do percurso, momentos desesperadores e situações de crise são inevitáveis.

A construção de um novo mindset

E provavelmente você agora deve estar relacionando na sua cabeça vários nomes com histórias conhecidas sobre esse assunto. Mas é importante frisar aqui que "dar a volta por cima" não faz parte só das histórias de empreendedores famosos. Tem muito empresário que já tentou, já fracassou e já se reergueu, mas não estampa capas de revistas. Eles entenderam que errar faz parte do percurso e que desistir, no entanto, já é uma opção. Cabe a você decidir seguir em frente tentando ou parar no primeiro (segundo, terceiro, quarto) obstáculo ou erro.

Quem nunca quebrou está no caminho errado. Para muitos leitores isso pode soar uma provocação. Mas, na verdade, meu intuito aqui é provocar, sim, mas uma reflexão honesta e desprovida de ego e vaidade. Eu já quebrei na vida e essa não é uma frase nada fácil de dizer. Sinceramente, em alguns momentos, não gosto sequer de pensar a respeito.

Acredito ainda que na verdade é o grande medo da maioria dos empreendedores. Mas entenda que o mais importante não é o que você vai fazer se quebrar, e sim o que vai fazer depois que quebrar.

Por mais desagradável e frustrante que essa experiência possa ser (e eu sei que é), o fato é que só quebra quem está tentando fazer algo, quem arrisca e sai da zona de conforto, quem tira suas ideias do papel e corre atrás de um propósito, um objetivo. Logo, nada mais possível e até mesmo esperado do que cometer alguns erros no meio do caminho, e sim, às vezes perder tudo ou parte do que investiu.

Pensando no pós-queda, digamos assim, quer se recuperar mais rápido? A minha dica é: revise suas habilidades e competências e foque nisso. Não fique tentando inventar a roda, porque isso só vai piorar tudo. Você é bom escrevendo, editando, se comunicando? Ótimo! Como você pode fazer para rentabilizar isso?

Empreendedores são incomodados e insatisfeitos por natureza e isso dá a chance de se reinventar quase que diariamente, de buscar novos caminhos, de usar sua criatividade e coragem para recomeçar quantas vezes forem necessárias.

Por tudo isso, esteja sempre aberto às oportunidades. Se não der certo, pivote, mude a direção rapidamente e siga avançando rumo a superar cada obstáculo. Reitero: só erra quem faz alguma coisa tentando acertar.

Além disso, são as suas experiências que vão fazê-lo um dia ser a pessoa que deseja. Qual é o seu *track record* hoje? Errar menos e acertar mais parece uma frase óbvia, mas o óbvio também precisa ser dito! Eu já errei, já caí em furadas, mas, no final do dia, isso me fez querer buscar mais acertos e estudar melhor a terra antes de pisar nela.

Tudo é uma questão de perspectiva, e posso lhe garantir que se sentir um fracassado em nada vai ajudar o seu processo de recuperação e escalada. Olhe para cima, olhe para o alto, foque e vai.

A minha definição de *track record*: seu histórico de erros e acertos ao longo da sua trajetória. A ideia aqui não é acertar sempre, aliás, isso é impossível! Mas no longo prazo trata-se de não cometer erros velhos, mas sim de aprender com eles. E na equação final, para alcançar o sucesso almejado, os seus acertos precisam ser maiores que os erros.

Desenvolver capacidades de gerenciamento e principalmente do autocontrole. Não se trata de ser frio e calculista, mas de procurar em focar no positivo e não "complicar", não deixar aflorar a raiva, o egoísmo e o desinteresse pelas pessoas.

DESBRAVE UM UNIVERSO REPLETO DE OPORTUNIDADES

Sobre o processo para analisar tendências, conheça o método do palheiro, que também é composto de 5 etapas.

Começa recuperando histórias e ideias e sua separação em grupos que fazem sentido (a palha), depois a análise de cada um desses grupos para ver se revelam uma tendência que se destaca (a agulha).

O método do palheiro

- » **Etapa nº 1 – Coletar.** É o ato disciplinado de colecionar histórias e ideias interessantes;
- » **Etapa nº 2 – Agregar.** É o processo de agrupar ideias para descobrir temas maiores. Depois que reunir as ideias, você vai precisar identificar de que maneira elas se conectam umas às outras;
- » **Etapa nº 3 – Levantar.** Envolve identificar os temas subjacentes que alinham um grupo de ideias para definir um conceito único, maior;
- » **Etapa nº 4 – Nomear.** É a arte de descrever uma coleção de ideias de um jeito acessível e memorável;

> **Etapa nº 5 – Provar.** Implica buscar dados, histórias e conversas para validar se uma coleção de ideias pode ser chamada de tendência e justificada como tal.

Quatro maneiras de provocar pensamento de intersecção

As tendências podem ser um sinal de que você precisa começar a refletir sobre abandonar uma linha de produto existente ou se manter no curso, rumo a uma direção que ainda não rendeu dividendos. Ou elas podem sugerir que você precisa mudar o foco de sua carreira e aprender novas habilidades.

O que dá a você o poder de receber esses sinais e chegar a essas conclusões é o pensamento de intersecção, um método para conectar conceitos e crenças disparatados de indústrias não relacionadas a fim de gerar novas ideias ou produtos.

Existem quatro maneiras de provocar pensamento de intersecção com eficiência:

1. Focar nas semelhanças;
2. Aceitar ideias acidentais;
3. Desviar para o desconhecido;
4. Ser persuasível.

O mundo conspira de muitas maneiras para nos incentivar a mergulhar na segurança de nossas crenças, mesmo quando sentimos que não. Algoritmos das redes sociais mostram histórias com as quais concordamos. Cookies de sites preveem o que gostaríamos de ver ou em quais anúncios poderíamos clicar para comprar. Políticos polarizadores defendem que a verdade requer que alguém esteja errado para podermos estar certos, e quem discorda de nós deve ser tratado como inimigo.

E se pudéssemos ser corajosos o bastante para mudar de ideia? E se pudéssemos ser persuasíveis? E se, quando ouvirmos um argumento convincente, do qual discordamos, aceitarmos a possibilidade de alguém que vê o mundo de um jeito diferente talvez não ser um idiota? Bem-vindos ao mundo dos que já desenvolveram o pensamento não óbvio.

Todo dia é uma oportunidade para aprender algo novo. Você é um eterno aprendiz? Saiba que, na vida, nós nunca deixamos de receber lições. Não importa o quão longe você chegue. Engana-se aquele que acha que já sabe de tudo, ou que ignora o conhecimento de outras pessoas por puro ego.

Estes são os que mais se dão mal, pois a vida não é nada fácil e se encarrega de mostrar da maneira mais dura como as coisas realmente funcionam.

Sem aprendizado contínuo e conhecimento, a vida passa a ser muito perigosa porque o obriga a acreditar no que lhe falam por aí. <u>Então, pense, estude e escreva mais, que você colherá os frutos disso pelo resto da sua vida.</u> Burro não é aquele que não sabe, e sim aquele que pensa que sabe tudo ou que não quer aprender.

Nesse sentido de evolução e aprendizado, você pode buscar contar ainda com uma figura que poderá ajudá-lo a enxergar as observações que coloquei acima. Para falar sobre mentores gosto sempre de fazer uma analogia básica, mas que diz muito. Quando uma pessoa me procura e diz que está com sede, ela não espera que eu lhe dê a fórmula da água, muito menos que abra um livro e comece a explicar a importância das chuvas e os benefícios para a saúde do ser humano. O que interessa é descobrir onde existe uma fonte de água potável e matar a sede. Quem tem sede não quer explicações, quer uma jarra d'água, de preferência cheia e bem fresquinha. Trazendo isso para a realidade, este é justamente o papel do mentor: mostrar as alternativas e os caminhos para se conquistar a água.

Entenda um mentor como um guia, mestre, conselheiro, grande pensador. Em contrapartida, cá entre nós, ser mentor não é para qualquer um! Para ser mentor é preciso ter experiências práticas e usar os próprios conhecimentos e vivências na sua área para poder partilhá-los com seus mentorados. O mentor é aquele que já desbravou caminhos desconhecidos, já ultrapassou barreiras, a pessoa que já fez (e que já chegou lá!) e que agora está disposta a compartilhar seus erros e conquistas. Ele é diferente de um professor, instrutor, facilitador, consultor etc.

Mas cuidado com o que você busca; o mentor não é um atalho para o sucesso! O caminho é sempre longo e, por melhor que seja, o mentor não faz milagre nem mágica. Ele vai ajudar você, incentivar a ampliar sua visão, a encontrar os melhores caminhos e, algumas vezes, até encurtá-los. Eles já sabem as rotas do que fazer e quando fazer e isso vale muito, mas como vantagem, não como trapaça.

A construção de um novo mindset

Todos precisam de mentores, até mesmo os que se acham mais experientes, principalmente no mundo dos negócios. Sozinhos seria muito mais difícil seguirem na trilha e enxergarem todas as possibilidades. Eu, por exemplo, apesar de ser mentor de vários empreendedores, tenho os meus mentores, os meus ídolos, as pessoas que me inspiram positivamente. Sempre que preciso, recorro a eles. E sou muito grato por poder contar com essa ajuda, sou grato inclusive pelos "nãos" que eles já me deram.

Mentoria, na prática, são conversas, debates e reuniões com ou sem métodos predefinidos sobre assuntos ligados à sua jornada e ao seu negócio. Esse processo possibilita maior aprendizado e mais desenvolvimento.

E antes de pensar em desistir, você já mudou de perspectiva? Se você estivesse em um jogo de xadrez e o seu oponente o colocasse em uma situação complicada, você provavelmente ficaria aflito em buscar uma solução rapidamente para não perder o jogo, certo? Assim é a analogia que faço para conectar com o mundo dos negócios. Muitas vezes o empresário está aflito, se sentindo derrotado, mas o game ainda está rolando e é possível reverter – desde que ele perceba isso.

E enquanto a "partida" está acontecendo é que a gente deve mudar a perspectiva do jogo. Olhar com outros olhos e buscar olhar a situação mais amplamente possível; afinal, muitas vezes a solução está ali, diante de você. Mas por orgulho, impulso e até mesmo ego, muita gente opta por entregar o jogo sem admitir que estava errado ou que poderia ter usado outra tática de jogo.

Mudar faz parte da vida e, sinceramente, quase sempre é indicado. Então, troque o medo de errar e essa resistência a mudanças pela tentativa de visualizar novos pontos, novas estratégias. Aliás, perspectiva é, definitivamente, uma palavra de múltiplos significados. Ela pode estar relacionada ao modo como se analisa determinada situação ou objeto. Mas pode ser também um ponto de vista sobre uma situação específica, ou, mais ainda, pode ser panorama do que se espera pela frente.

Hoje convido você a praticar um simples exercício comigo: olhar por uma outra *perspectiva* os *problemas* que estão acontecendo em sua vida. Imagine um tabuleiro de xadrez com um jogo em andamento, só que no lugar de um jogador ao lado da mesa, se posicione "fora do jogo" olhando o tabuleiro de cima, apenas como um espectador.

Você vai começar a olhar para uma nova jogada, e o mais interessante é que vai ver também algumas possíveis jogadas de seus oponentes. Até mesmo para um "xeque-mate" contra você, vai saber como se portar naquele momento. Só o fato de ter mudado a perspectiva, seu cérebro vai oxigenar e o ponto de vista será outro em todos os sentidos.

Faça isso na sua vida agora, saia de cena, da angústia e do foco no problema, olhe as coisas (de fora) como se não fosse com você, levante a cabeça! Respire, olhe para cima e ao redor, onde não fale sobre o assunto por um tempo. Aos poucos você vai perceber novas ideias, outros caminhos e quem sabe uma solução ou novas oportunidades.

>>>> **A vida é como um jogo de xadrez, e aceitar que às vezes temos que nos mover com outras opções e em outras direções pode ser o caminho que levará à vitória final.**

Suas habilidades precisam ajudar você a encontrar novas oportunidades. Se você nunca parou para pensar sobre isso, reflita. Isso porque acredito que de nada adianta um empreendedor desenvolver habilidades ou buscar referências que não agreguem muito em sua jornada. Quando colocado dessa maneira fica claro que, em uma jornada empreendedora, todo o seu investimento de tempo, dinheiro e dedicação precisa estar alinhado no sentido de deixá-lo mais preparado e estrategicamente pronto para alcançar o que você deseja. E isso significa dizer ainda que o desenvolvimento das suas habilidades precisam ser degraus que o ajudam a escalar rumo ao encontro das oportunidades que têm como projeção.

Nesse sentido, perceba, ainda que na nova economia, as habilidades exigidas estão cada vez mais dinâmicas. De acordo com o estudo The Future of Jobs[36], do Fórum Econômico Mundial, dentro de cinco anos mais de um terço das habilidades necessárias atualmente já terá mudado.

---

[36] Relatório "The Future of Jobs 2020" mostra quais são as habilidades do profissional do futuro. **InforChannel**. Disponível em: https://inforchannel.com.br/2021/08/02/relatorio-the-future-of-jobs-2020-mostra-quais-sao-as-habilidades-do-profissional-do-futuro/. Acesso em: 1 mar. 2023.

Mas calma, esse não precisa ser um dado para assustar você ou tirar o seu sono. Pelo contrário, afinal, uma das características básicas de qualquer empreendedor é a resiliência, a capacidade de se adaptar e aproveitar ao máximo toda e qualquer mudança, certo? Logo, em um mundo cada vez mais incerto em que as mudanças e incertezas são inevitáveis, estar atento a suas habilidades naturais e aberto a entender e aprender outras se necessário faz parte do processo.

Além disso, desenvolver habilidades como a sua comunicação, criatividade, liderança e capacidade analítica farão você ser relevante e ter oportunidades mesmo dentro de um ambiente completo de mudanças.

E em meio a todas essas possibilidades que se tornam cada dia mais próximas e reais, o que vai diferenciar o empreendedor daqui para a frente é sua capacidade de adaptação e mudança rápida de direção, em relação a toda e qualquer adversidade. A pessoa que dominar isso criará oportunidades em qualquer cenário. Não preciso nem comentar o quanto isso é e será ainda mais poderoso nos próximos anos.

Por fim, independentemente do estágio em que esteja e de quais habilidades detenha, lembre-se de que muitas vezes não vão faltar oportunidades para recebermos alguma lição, seja por meio de pessoas que entram em nossas vidas ou por situações adversas que acontecem. Esse é o papel da vida.

Mas muitas vezes o ego pode cegar e fazer com que você perca esse aprendizado valioso, por orgulho. Por isso, sempre esteja atento aos sinais que a vida dá, pois eles não são poucos, basta estar aberto a aprender, evoluir constantemente e, principalmente, somar novas habilidades que poderão ser utilizadas nos momentos mais inesperados por você e que ajudarão a criar ou enxergar as oportunidades de que precisa para realizar seus objetivos.

Dinheiro como consequência, nunca como propósito

INEVITÁVEL

<u>Se você fosse lembrado com uma frase, qual seria?</u>
É sobre paixão. Nunca foi sobre dinheiro. Ser rico não é sobre o que você tem, e sim sobre o quanto você pode dar e servir.

Minha vida é ideal quando faço parte de uma equipe, quando ajudo as pessoas, quando coloco meus objetivos em prática.

O que devo fazer da minha vida? Qual é a minha paixão? Qual é o propósito da minha vida? Você tem essas respostas?

》》》》 Explore as coisas que você gosta de fazer. Olhe as coisas que você já fez e faz. Estabeleça as suas prioridades. Entenda que a autodescoberta é um processo.

Ser capaz de gerar sentimentos positivos no outro acaba, indiretamente, beneficiando a si próprio. Lembrando que nossa qualidade de vida é feita de escolhas que muitas vezes não são feitas por nós.

Preciso dizer que você só terá *relevância*, *influência*, *representatividade* e *vendas* se conseguir atender à vontade, à expectativa, à necessidade, à dor, resolver um problema ou se gerar valor para alguém. Importante: na perspectiva deles, e não somente na sua.

Se o sucesso do outro incomoda, procure o seu sucesso. As coisas devem ser assim, até porque as palavras têm força e quando são jogadas sem a menor distinção, tomam corpo popular e terminam, por vezes, criando uma opinião equivocada e massificada, e isso é difícil de mudar. É como uma espiral negativa que corta a mão se tentar parar.

Algumas dicas que podem ajudar você a encontrar o seu propósito para que, consequentemente, depois de muita dedicação e trabalho, colha os frutos também em forma de dinheiro:

1. Encontre um problema para resolver;
2. Cuidado com as tendências e a manada;
3. Construa negócios essenciais e que forneça praticidade e flexibilidade;
4. Descubra a persona e mantenha o foco *do* cliente;
5. Não espere investimentos para colocar em prática a sua ideia, mas aprenda a captar investimentos;
6. Defina um modelo de negócios sustentável;
7. Cuidado com o diferencial competitivo;

A construção de um novo mindset

8. Conheça e reconheça seus pontos fortes e fracos;
9. Monte um time mais sênior possível ou de colaboradores melhores que você;
10. Aproveite e divirta-se na jornada.

>>>>

Antes de chegarmos ao final desta leitura, gostaria de enriquecer um pouco mais a experiência com ferramentas úteis para o seu negócio e que vão ajudá-lo a escalar e subir o seu nível de consciência, além de a sua empresa entrar de vez na nova economia. Não tenho dúvidas de que muitas das ferramentas nos links a seguir serão úteis para montar uma plataforma de negócios e de serviços, ajudar a escalar o que consequentemente aumenta a eficiência operacional dos seus projetos e empresa. Veja quais se encaixam e podem ser utilizadas no seu dia a dia.

Qual problema que seu negócio resolve?

45 ferramentas para aumentar o controle, produtividade e as vendas do seu negócio

<<<<

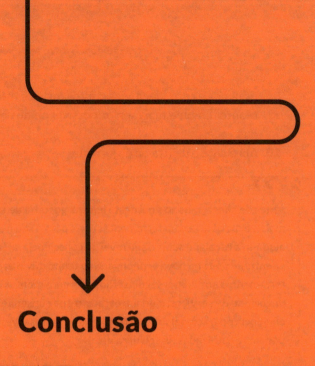

Conclusão

Como se destacar e vencer em um mundo em construção e que tem apresentado mudanças irreversíveis, profundas e inevitáveis?

> **AS PESSOAS SERÃO SEU MAIOR ATIVO**
> Clientes, colaboradores, amigos, fãs e seguidores

A vida merece ser aproveitada, entendida e vivida. Pensamos tão ansiosamente no futuro que esquecemos do presente. Vivemos muitas vezes como se nunca fôssemos morrer e acabamos morrendo como se nunca tivéssemos vivido.

Por isso que devemos procurar ser flexíveis, sonhadores, servidores, empáticos, resistentes e agradáveis.

▶▶▶▶ O verdadeiro sucesso é viver do seu propósito, influenciar positivamente a sua família e fazer a diferença na vida das pessoas.

Conclusão

Se a sua mudança de mentalidade, comportamento e a maneira como enxerga o mundo à sua volta são inevitáveis, para se adaptar e se destacar na nova economia, você precisa focar em pessoas, em relacionamentos sinceros e mútuos. <u>É inevitável evoluir para conquistar, para sobreviver.</u>

Por isso, cuidado com a sua verdade absoluta. Você sabe que nada sabe? Uma das maiores lições que aprendi durante a minha jornada foi entender que eu não sabia de tudo. E muitas vezes, em nossas vidas, por falta de humildade, acabamos deixando passar grandes oportunidades de aprendizado que poderiam mudar para sempre a nossa trajetória.

E ninguém bate mais forte do que a vida. Antes que ela ensine você do jeito dela, é melhor você aprender a ter humildade e escutar pessoas que já passaram por onde você está querendo caminhar. Na prática, isso significa dizer que apoiar-se cegamente em algumas crenças pode ser mais prejudicial do que se imagina, já que muitas vezes o *status quo* costuma ser mais perigoso do que o desconhecido.

▶▶▶▶ O maior exemplo disso são as centenas, os milhares de empresas grandes e pequenas que se perderam ao longo dos últimos anos porque não se deram conta dos sinais que o mercado estava dando. Ou os ignoraram ou pagaram caro para ver no que ia dar sem colocar em prática a humildade de tentar entender os novos cenários e aprendizados que todas essas mudanças acarretaram na sociedade como um todo.

E aí entra um outro ponto: as crenças limitantes. Basicamente, essas crenças podem ser entendidas como verdades absolutas que, em algum momento, ao longo da sua vida, foram enraizadas por você. No decorrer da vida, recebemos milhares de sugestões, estímulos e experiências, tanto de pessoas como de situações que estão constantemente ao nosso redor, que aos poucos vão moldando o modo como nós somos e, principalmente, como enxergamos o mundo à nossa volta. E é claro que, nesse sentido, nem preciso dizer como isso influencia e rege nossas ações, né?

E é por isso também que se torna tão importante se questionar em diferentes momentos da vida. Não existem verdades absolutas, principalmente considerando que temos a oportunidade real de refletir, mudar de opinião, traçar novas metas e escolher novos caminhos o tempo todo. Note que as crenças limitantes se caracterizam por terem cunho negativo, que nos leva a desacreditar da possibilidade de alcançar os nossos objetivos. "Não importa o quanto eu trabalhe, nunca vou conseguir juntar dinheiro." "Não consigo aprender a fazer isto, não tem jeito." "Para que vou malhar se não consigo emagrecer mesmo?"

<u>Meu conselho hoje é que você reveja suas verdades, reflita sobre suas crenças limitantes e como elas têm influenciado sua vida, suas decisões.</u> Na filosofia, a arte de saber questionar é o ponto central para enxergar novas rotas ou caminhos. O saber, muitas vezes, não é considerado tão importante quanto a dúvida, pois é ela que move o conhecimento crítico, assim como a filosofia move nosso pensamento em relação aos fatos cotidianos de maneira crítica.

Espere menos dos outros e mais de você. Você espera por algo ou por alguém? Acredito que boa parte dos leitores neste momento formularam na mente um não como resposta, mas tem certeza? Pare para pensar em como tem conduzido suas ações; elas se dão em prol de decisões suas e uma visão clara disso ou você espera acontecer algo para se movimentar? Espera alguém fazer a parte dele para depois reagir ou começar a sua?

A questão é que muitas vezes deixamos ou dependemos de outros para dar vida aos nossos objetivos e sonhos, sempre esperando ou na esperança de alguém fazer algo (combinado ou não) e de certa forma a mais por nós. Isso muitas vezes não funciona e gera frustração.

Primeiro, porque o que é prioridade para você pode não ser para o outro. Segundo, porque todo e qualquer caminho de sucesso deve ser trilhado por aquele que o almeja. Por mais que em um primeiro momento até exista uma indicação ou aquela "forcinha" de alguém, lembre-se de que ninguém se sustenta em uma posição favorável se não for bom suficiente.

<u>Saber equilibrar as expectativas e fazer projeções realistas, esse deveria ser o melhor caminho para viver e conviver melhor.</u> Quando você se dá conta disso, de que precisa focar, fazer sua parte e ponto, sem esperar que outras pessoas façam algo por você, o que vier será uma surpresa positiva, um complemento, e não uma finalidade.

Eu ouvi o seguinte outro dia: "Já esperei demais das pessoas, agora vivo esperando algo de mim". Mas não se trata de exigir demais de você

Conclusão

mesmo, e sim de entender que depende de você inclusive a decisão de não depender de ninguém. O comando é seu, é a sua mentalidade que vai fazer você sair de qualquer situação e vencer.

Percebe o quanto essa constatação é poderosa? Você tem que se atrever a ser você mesmo e seguir a própria intuição, por mais esquisito ou estranho que possa se sentir ou vir a ser. Não se compare com os outros. Não desanime pelo progresso ou sucesso deles. Siga o próprio caminho e permaneça fiel à sua finalidade. O sucesso é, em última instância, viver a sua vida sendo feliz da própria maneira.

Por fim, nunca é demais lembrar que as pessoas raramente se comportam exatamente do jeito que você quer. E esse é mais um importante motivo para que você não deixe as decisões mais importantes da sua vida nas mãos de outra pessoa que não seja você, o único responsável por ela.

BÔNUS

Tudo que apresentei nessa obra fez sentido para você? Se sim, e caso deseje aprofundar ainda mais nos conceitos e práticas reunidos no livro, eu te convido para participar da Jornada Anjo Investidor, uma imersão presencial de dois dias no hotel Sheraton WTC para preparação de empresários para a nova economia e para formação de novos investidores de startups.

Leitores têm 20% de desconto.
Confira quando será o próximo encontro:

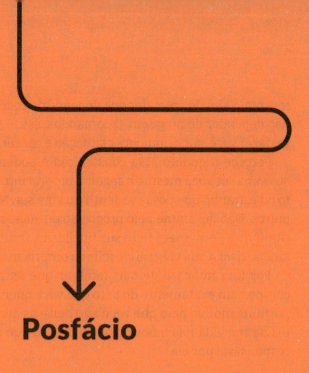

Posfácio

É um prazer escrever o posfácio deste livro. E não apenas pelo que o João Kepler representa no ecossistema empreendedor do Brasil, mas principalmente pelo que ele representa para mim como pai e maior mentor e treinador dessa minha jornada, que passa não apenas pelo empreendedorismo, mas pela minha evolução pessoal e descobertas em relação ao meu propósito.

Recentemente lancei um livro chamado *Superpotencial* e recebi o desafio do meu pai de mostrar os impactos dos conceitos do INEVITÁVEL e fazer um paralelo entre o *Superpotencial* e o *Inevitável*. No meu, apresento uma jornada contínua para que os leitores possam chegar cada vez mais perto daquilo que verdadeiramente são capazes usando de maneira estratégica os seus recursos internos em detrimento das vantagens das suas aptidões naturais.

Já no *Inevitável*, o foco é sobre uma jornada contínua de evolução dentro de um negócio, cujo objetivo é mostrar que você nunca deve ficar satisfeito e saber que o mundo muda de maneira frequente e constante. Caso você não atualize os seus *drivers* mentais para as novas necessidades desse novo mundo, alinhadas com as necessidades dos

Posfácio

seus clientes, a chance de você ficar para trás é gigantesca, pois os seus clientes estão ficando cada vez mais empoderados para tomar decisões melhores e decisões mais estratégicas, com base em quem está mais preparado para gerar mais valor para ele enquanto cliente.

A metodologia do *Superpotencial* é sobre pessoas, já a ideia de *Inevitável* é sobre negócios. Conceitualmente, a consequência de máxima performance pessoal também requer transmutar esse pacote de habilidades do que você é para dentro de um negócio. A jornada do superpotencial que eu proponho no meu livro passa necessariamente pelo ato de você empreender pois é através do superpotencial, que não pode ser limitado, que você se torna o impulsionador do seu propósito e da sua verdadeira capacidade.

Portanto, é inevitável que a jornada rumo à maestria empresarial que propõe o livro passe por uma jornada contínua de desenvolvimento pessoal que eu proponho dentro do livro *Superpotencial*. Além disso, existe outro paralelo: para desbloquear os novos níveis do seu potencial verdadeiro, você precisa passar pelos conhecimentos oferecidos aqui dentro deste livro, o *Inevitável*.

Na essência, eu e meu pai queremos dizer a mesma coisa de maneiras diferentes. Eu acredito que nada acontece por acaso, a começar pelo fato do meu pai não ser meu pai por acaso, e eu não vivi o que eu vivi até hoje por acaso. Cada um de nós recebe exatamente as referências que precisam para que a gente possa evoluir como se tivesse um ímã natural no planeta Terra que nos puxa rumo ao crescimento, à evolução.

Não quero soar arrogante, afinal, estou falando do meu próprio pai dentro de um projeto dele. Mas a verdade é que eu tenho certeza de que a jornada do superpotencial nunca ficaria completa se não fosse por alguns ensinamentos que ele me deu, assim como também tenho certeza de que muito do que ele escreveu neste livro veio do frescor da juventude apresentado por mim e pelos meus irmãos, que constantemente provocamos meu pai a seguir nessa jornada de evolução empresarial e pessoal. O que mais me encanta no meu pai é que ele não precisa mais fazer as coisas que faz, mas, ainda assim, ele nunca está satisfeito e continua se sacrificando porque entendeu que a mensagem é mais importante que o mensageiro.

Por ego, ou até mesmo uma espécie de comodismo dos que já conquistaram seu lugar ao sol, ele poderia simplesmente não fazer mais nada e se aposentar extremamente tranquilo, mas ele tem uma inquietação dentro dele que sabe que a sua missão na Terra é muito maior e não se trata apenas dele, se trata do todo e de um desejo que foi plantado dentro do coração dele e que cada uma das experiências que ele viveu o preparou para isso, para que ele deixasse uma mensagem clara e pudesse ajudar o máximo de pessoas possíveis.

Talvez essa seja a mensagem mais forte e presente nos dois livros, o meu e este. Eles o ajudam a entender e a chegar mais perto do que você é capaz de fazer. Por si mesmo e pelo seu negócio. As palavras mudam, a metodologia muda, mas a intenção de nós dois vêm dessa inquietação para encaixar suas habilidades e esforços para viver o seu propósito em total plenitude.

Se chegou até aqui, não tenho a menor dúvida de que aproveitou a leitura do *Inevitável* e fará uso em sua vida a partir de agora. E se, assim como eu, você percebe que criar negócios é somente mais uma jornada de experimentação dentro desse desafio complexo que é a vida, convido-o a entender o porquê de você estar aqui através da leitura de *Superpotencial*.

Vamos juntos nessa jornada de descobertas e mudanças?

Abraço,

Davi Braga